엄마들의 교과서

천하를 꿈꾸며 자녀를 길러라

엄마들의 교과서

우농 지음

초련

들어가는말

 기독교 경전 구약성서에 따르면 신은 인간을 만들 수는 있으나 아기를 낳을 능력은 없었던 모양이다. 그래서 그 신의 능력을 대신할 인물이 필요했는데 그것이 여자다. 하늘이 여자에게 준 신급 능력을 꼽으라면 아마도 아기를 낳아서 길러낼 수 있는 능력이리라. 이에 인류 모든 인간의 출발은 여자다. 남자가 못 하는 한 가지 자녀를 낳을 수가 없다. 인류의 그 어떠한 위대한 자라도 여자의 후손이 아닌

자는 없다.

엄마는 존재만으로 위대하다. 엄마라는 이름은 반드시 아기가 태어나야만 주어지는 이름이다. 더 엄밀하게 말해서 아기가 태어나서 처음으로 입을 열어 엄마라고 부르는, 비로소 아기한테 엄마로서 인정을 받는 것이다. 이것은 아기가 주는 세상에서 가장 아름다운 선물이다.

문제는 이토록 눈부시게 아름다운 선물을 엄마는 곱고, 훌륭하게 길러낼 책임과 의무가 있다. 아기를 향한 엄마의 책임은 피해서는 안 되는 것이고, 아기를 향한 엄마의 의무는 내가 싫다고 해서 그만두어서도 안 되는 것이다. 자라나는 아기를 어떠한 수신과 수양의 과정을 통해서 사회의 소양인으로 제 몫을 다하게 하느냐에 있는 것이다.

그 중심에 공부가 있는 거다. 다수의 엄마가 이쯤에서 길을 잃기도 한다. 왜냐하면 엄마까지는 어찌어찌 됐는데 내

속으로 난 자녀가 자라면서 처음 맞닥뜨리는 공부라는 것에 대해서는 엄마 자신도 확신을 못 하기 때문이다. 잘하면 좋은 거고, 못하면 어쩔 수 없는 일이지. 라고 한다면 너무 빨리 자녀 공부를 포기하는 것이다. 이것은 안타까움을 넘어 위험한 일이다.

현대사회에서 공부라는 것은 부리는 자가 될 것이냐 부림을 당하는 자가 될 것이냐, 라는 갑과 을의 관계의 분수령이 되기 때문이다. 어려서는 누구나 다 귀하고 똑똑하고 제 자식이 제일 잘 났다. 커가면서 누가 잘났는지 누가 똑똑한지 누가 귀한지 서서히 바닥이 드러나게 된다. 그 중심에 엄마가 있는 거다. 엄마가 어떤 마음으로 자녀 공부에 임하느냐이다. 알다시피 자녀의 공부라는 것이 엄마가 마음만 먹는다고 해서 되는 일도 아니다. 이는 엄마도 자녀를 공부시키기 위해서는 일정량 해야 할 숙제가 있다는 말이기도 하다.

엄마의 일은 자녀를 잘 키우는 일이 전부다. 이제는 엄마처럼 엄마로서의 사는 삶을 배워야 한다. 이는 엄마가 가야 할 평생 여정이 되는 것이다. 이제 엄마가 됐으니, 세상을 향한 속도를 늦추어야 한다. 그 속에서 자녀를 바라보는 안목을 길러내고 습관화시켜야 한다.

그런 면에서 자녀 공부를 위한 백가쟁명의 글들 속에는 심오한 데다가 에둘러 쓰기까지 하여 자못 두루뭉술한 경우가 많아 엄마들의 이해를 돕고자 부득이 날 겉인 채 민낯을 그대로 드러낸 글로 '엄마들의 교과서' 제하의 제목으로 강호에 내놓게 되었다. 모쪼록 이 책을 통해 자녀의 공부에 보탬이 됐으면 하는 마음 간절하다.

- 2025년 9월 우농 쓰다.

들어가는말 _ 005

1장

엄마는 자녀의 스승을 찾아야 한다 _ 017

세상은 엄마 품처럼 따뜻하지 않다 _ 021

동그랗게 태어난 아이 _ 025

한비자의 공부법 _ 029

사람은 쉽게 바뀌지 않는다 _ 034

엄마의 눈높이만큼 자녀는 자란다 _ 039

자녀를 위해서라면 기꺼이 물어야 한다 _ 044

엄마의 본분은 자녀를 잘 키우는 일이다 _ 048

인성 공부와 글공부가 다 잘되어야 한다 _ 052

영글 때까지 기다려야 한다 _ 056

2장

청소를 통해 나를 변화하라 _ 063

공부가 깊어야 밥줄이 튼튼해진다 _ 067

공자님의 공부법 _ 071

맹자의 공부법 _ 075

씨앗은 제때에 뿌려져야 한다 _ 079

공부는 어려서부터 시작해야 한다 _ 083

공부는 깨달음이 아니다 그냥 하는 거다 _ 087

어리석어야 산을 옮긴다 _ 092

청춘이 아름다운 것은 공부할 수 있어서다 _ 096

내일의 희망은 다시 뜬다 _ 100

3장

모름이 주는 어리석음은
돌이키기 힘든 결과를 낳기도 한다 _ 107

자녀가 쉬고 노는 것에 관대한 엄마 _ 111

고집이 세다고 그거 좋은 일이다 _ 116

지금은 죽기 살기로 공부해야 하는 시대이다 _ 120

가난을 벗어나는 방법은 공부뿐이다 _ 124

학교공부는 돈이 제일 적게 든다 _ 129

포기만 않는다면 시험은 언젠가는 붙게 되어있다 _ 133

언젠가 꽃은 핀다 _ 137

자녀를 조괄처럼 키울 것인가 _ 141

천하를 꿈꾸며 자녀를 길러라 _ 147

4장

거칠고 사납다 거기엔 그만한 이유가 있을 것이다 _ 155

자녀를 순자처럼 키울 것인가 _ 159

내 자녀의 허물을 발설하지 말라 _ 164

자녀에게 잔소리를 하지말라 _ 169

공부 안되는 자녀 대책은 있는가 _ 173

공부 안 한 스무 살은 돈에 영혼을 팔 나이다 _ 178

엄마의 인생은 자녀에 의해서 결정된다 _ 183

통제받지 못한 권력은 반드시 부패한다 _ 188

모두는 답을 갖고 있다 _ 193

모든 일에는 정해진 때가 있다 _ 197

나가는말 _ 203

제 1 장

세상은 엄마 품처럼 따뜻하지 않다

엄마는 자녀의 스승을 찾아야 한다

공부라는 것은 몸 공부, 마음공부, 지식 공부, 생활 공부, 일 공부 등등 셀 수 없이 많다. 그중에서 어려서 할 수 있는 공부라는 것은 글공부가 전부일 것이다. 물론 집안에서 소소한 생활 예절을 배우는 것도 공부는 맞다. 밥상머리 교육이 될 수도 있고 곧 언행이나 생활 습관 등을 집안에서 엄마와 아빠를 보면서 자연히 몸에 습관으로 익히는 공부라 하겠다. 그렇지만 언제까지 이렇게만 공부할 수는 없는 일이다. 문자를 공부해야 하기 때문이다. 공부라고 할 때는 기술을 배우는 것도 공부라고 할 수도 있지만 뭐니 뭐니 해도 책을 펴놓고 읽고 쓰고 외우는 것이 전통적으로 내려오는 공부의 맛이라 하겠다. 자녀가 공부를 많이 하여 훌륭하게 커 주기를 바라는 마음은 예나 지금이나 엄마라면 똑같다. 내 속으로 배 아파서 낳은 아이 잘 커 주기를 바라는 거 그건 욕심이 아니다.

그릇이 큰 자녀는 그릇이 채워지는 데는 엄청난 시간이 걸린다. 이는 상상도 못 하는 시간이다. 엄마의 눈에는 자녀의 큰 그릇이 보여야 한다. 엄마는 충분히 안다. 공부 안 하면 어떤 인생을 살아야 하는지를 말이다. 몸도 힘들고, 마음도 힘들다. 그러나 자녀만 모른다. 그건 어린 탓이거나 철이 덜 들어서도 일 수 있을 것이고 여기에는 많은 요인이 있을 수 있겠지만 암튼 공부 안 한 그가 어른이 되어 선택할 수 있는 일이라는 것은 거의 정해져 있다. 자녀는 어째서 공부를 안 할까. 하늘이 엄마에게 자녀를 줄 때는 감당할 수 있기에 주는 것이다. 스스로 할 때까지 기다려야 한다. 지혜로운 엄마라면 그 기다림을 스승을 찾는 것으로 메꾸기도 한다.

자녀가 장성하여 사는 게 힘겨운 것은 팔자소관이라던가 시대의 운 때가 안 맞아서라고 스스로에게서 위안을 찾고자 한다면 그건 꽤 낭만적이다. 삶이 어찌 낭만적이기만 하겠는가. 원인은 간단하다. 어려서 공부를 게을리하거나 안 해서이다. 이를 좀 더 직설적으로 따져 묻는다면 엄마가 자녀가 힘겹게 살게 하는 원인 중에 대부분이 어려서 해야 할 공부를 하지 않았거나 게으른 탓이다.

귀하게 낳은 자녀를 엄마가 자녀의 스승을 찾아 공부할 것을 게을리해서 힘겹게 살도록 만든다면 종국에는 그 화살이 엄마에게도 돌아오게 된다. 누굴 탓할 수도 없다. 온전히 엄마가 감당해야 하는 몫이다.

훌륭한 농부는
수해나 가뭄이 겁난다 하여
농사를 그만두는 일이 없다.

세상은 엄마 품처럼 따뜻하지 않다

옛날에 임강에 사는 부잣집 도련님이 있었다. 하루는 열 마리나 되는 사냥개를 데리고는 사냥하러 갔다가 새끼 사슴을 보고는 차마 활을 쏘지는 못하고 산 채로 잡아 왔다. 그는 새끼 사슴이 너무 예뻐서 금이야 옥이야 하며 길렀다. 사냥개들은 사냥에서 마땅히 죽어서 와야 했을 새끼 사슴이 멀쩡히 살아서 와서는 주인의 사랑을 독차지하는 것이 너무 꼴도 보기 싫어서 새끼 사슴을 물고 뜯고 차고 하면서 구박했다.

　나중에 이러한 사실을 알게 된 주인은 사냥개들을 죽기 일보 직전까지 두들겨 패줬다. 비로소 사냥개들은 어떻게 행동해야 주인으로부터 혼나지 않고 사랑받는가를 알게 되었다. 이런 일이 있고 난 뒤 사냥개들은 새끼 사슴을 왕처럼 모셨다. 새끼 사슴은 으스대면서 집안을 활보하기 시작했다. 그러면 사냥개들은 마치 종이라도 된 듯이 굽실거리며 새끼 사슴 뒤를 졸 졸 따라다녔다. 새끼 사슴은 천하에 두려운 것이 없었다. 덩치가 산만 한 개들도 새끼 사슴이 눈짓만 하면 번개처럼 달려가 말 잘 듣는 시늉을 했다. 새끼 사슴은 점점 누구의 말도 듣지 않는 괴물로 변해가고 있었다.

　그렇게 몇 년쯤 흘렀을까? 새끼 사슴은 덩치도 커지고 또 대문 밖이 궁금했다. 그래서 바깥 구경도 할 겸 해서 집 밖으로 나와서는 마을을 이리저리 구경하고 다니는데 유독

낯선 개들이 많았다. 그래서 사슴은 집에서 하던 대로 동네 개들한테 눈짓하기도 하고 앞발로 동네 개들 머리를 톡 톡 치기도 했다. 그러자 동네 개들은 뭐 이런 게 다 있어. 라는 듯이 사나운 이빨을 드러내고는 사슴의 뒤 다리를 물어뜯고 앞발을 분지르고 목을 물어뜯어 피투성이가 되도록 물어뜯고 때리고를 반복했다. 사슴은 견디다 못해 집으로 간신히 도망을 왔다. 그리고는 죽어가는 순간까지도 자신이 왜 동네 개들한테 맞아 죽는지도 모른 채 죽어갔다.

 엄마가 자녀 교육을 잘해야 하는 이유는 단 하나 엄마가 영원히 지켜줄 수 없어서다. 자녀가 자라면 다 큰 자녀는 엄마를 떠나야 한다. 엄마는 자녀를 사랑한다고 말은 할 수 있으나 끝까지 보호해 줄 수는 없다. 이제부터 자녀는 혼자 세상을 헤쳐가야 한다.

너무 오냐오냐 컸다면,
세상이 알려준다.
세상은 엄마 품처럼 따뜻하지 않다는 것을

동그랗게 태어난 아이

옛날 요임금은 눈썹의 색깔이 여덟 가지나 됐다고 한다. 순임금은 눈동자가 두 개씩 있다고 했으며 우임금은 귀에 구멍이 세 개씩이나 있다고도 했다. 일반인들은 귀에 구멍이 좌우 하나씩 있는 것을 고려할 때 대단히 많은 숫자임이 분명하다. 문왕은 젖이 네 개이고 무왕은 눈이 이마 위에 달려 있다고 했으며 진나라 문공은 갈비뼈가 통으로 이어져 있다고 했으며 공자님의 머리는 마치 지붕을 뒤집어 놓은 듯하다고까지 했다. 그러면서 부연 설명을 하는데 이들은 군주의 자리에 올랐거나, 세상에 이름이 났거나, 경전에 그 이름이 기록된 자들로 분명하게 믿을 수 있는 인물이다. 라고 기록한다.

솔직히 말이야 바른말이지 눈동자가 두 개던가 귀에 구멍이 세 개던가 갈비뼈가 하나로 이어졌다던가 이러한 것들은 요즘 시각으로 보면 틀린 정도가 아니라 심각한 게 맞다. 그러나 그때 사람들은 심각하게 본 것도 아니고 틀림으로 보기는 더더욱 아니고 그저 다른 집 아이들과 조금 다름으로 인식했을 뿐이다.

즉 하늘이 내 아이를 여느 아이와는 다르게 태어나게 했다. 그래서 엄마 된 나는 다르게 태어난 내 아이를 남과 다르게 공부시켜서 훌륭한 인물로 세우리라. 결과론적으로 보면 그랬다는 말이다.

요즘은 자녀를 이렇게 보는 경우가 거의 없다. 다름이 아닌 틀림으로 규정하기 때문에 내 아이의 틀림이 다른 아이들과 같음을 만들기 위해서 동그랗게 태어난 아이를 다른 집 아이들은 세모라며 그렇게 세모 아이를 만들고자 무진 애를 쓴다. 이쯤 되면 모두에게 상처이고 아픔이다. 동그랗게 태어난 아이는 그냥 동그랗게 키우면 되는 일이다.

맹자는 말한다.
큰 인물은 태어날 때 모습을
끝까지 잃지 않고 지키는 자라고

한비자의 공부법

한비자는 날 때부터 심각한 말더듬이였다. 한비자는 전국시대 말기 한 나라 왕족 출신이지만 차기 왕이 될 자이기보다는 그냥 왕손 중 하나일 뿐이다. 더군다나 나라는 언제 망할지 모르는 바람 앞에 촛불보다 더 위태롭다. 여기서 한비자를 낳은 그의 모친이 선택할 수 있는 길은 많지 않다. 일반아들도 아닌 말이 자유롭지 못한 심각한 말더듬이 아들을 어떻게 길러내야 남에게 멸시받지 않고 살 수 있을까.

그것은 아들을 공부시키는 이유의 전부다. 그래서 한비자는 법가의 이론적 창시자 순자의 문하에서 공부하게 된다. 공부를 다 마친 후 한비자는 국가를 이끌어가는 세 개의 계급을 기록으로 남기는데 법法 술術 세勢가 그것이다. 법은 법가이며 술은 술가이며 세는 세가이다.

법가는 법을 다루는 사람들이다. 마음만 먹으면 누구든지 이리로 오라 할 수도 있고, 저리로 가라 할 수도 있으며, 수틀리면 원하는 만큼 감옥에 가둬 놓을 수도 있다. 누군가의 자유를 꽉 움켜쥘 수도 있는 그것이 법가들이다. 술가는 병을 치유하는 자들이다. 이러한 치유를 일러 인술이라고 말하기도 하는데 술가들은 백성들의 아픔에 함께 아파하는 자들이다. 그런 면에서 인간의 생사를 신 다음으로 움켜쥔 자들이다.

만약에 여기서 법가와 술가들이 집단으로 생떼를 쓴다면 군주와 벼슬아치는 절단 난다. 고래로 어떤 왕조든지 법가와 술가를 이긴 정권은 없기 때문이다. 그래서 현명한 군주는 법가와 술가들의 권한을 일정량 이상 주지 않는 이유가 여기 있는 거다. 이들이 자칫 그릇된 마음이라도 먹으면 상황은 걷잡을 수 없는 지경에 이를 수 있음을 알기 때문이다. 물론 거기에 대한 피해는 고스란히 백성들에게 있는 거고 이러한 막강한 힘을 알기 때문에 엄마들은 자녀를 낳으면 법가로 키울 것이냐 술가로 키울 것이냐를 놓고 고민하는 거다.

지금 사회에서 법가가 되든 술가가 되는 여기에는 단 하나의 조건만 존재한다. 학교 시험 성적이 높으냐 낮으냐가 그것이다. 인성이 바르다. 사람이 됐다. 착하다. 뭐 이런 식의 달콤한 감성은 여기에 0도 들지 않는다. 그러면 법가와 술가를 쥐고 흔드는 자가 누구인가. 그자가 세가인 것이다. 세가는 공부를 잘하는 자가 아니다. 그렇다고 시험 점수가 높은 자들도 아니다. 공부를 많이 한 자들이다. 흔히 공자왈 맹자 왈로 통하는 사서삼경의 경전을 읽고 연구한 유학

자들을 일러 세가라고 한다. 이들은 큰 산에 법가의 나무가 있고 술가의 나무가 있으면 법가는 법가의 나무 하나만 보고 달리는 자요, 술가는 술가의 나무 하나만 보고 달리는 자다. 그러나 세가는 산 전체를 보고 법가의 나무가 있어야 할 자리와 술가의 나무가 있어야 할 자리를 정확히 알아 산과 나무와 숲 전체를 아우르는 지혜와 안목을 가진 자들이다.

지금 사회에서 학교 시험 성적이 좋으면 법가로 키울 것인지 아니면 술가로 키울 것인지를 고민해야 하는 거다. 그러나 자녀의 학교 시험 성적이 만족스럽지 못하다면 이때부터는 사서삼경 공부를 많이 하게 해서 유학자인 세가로 키워야 한다. 그래서 법가와 술가를 가르치고 지도하고 이끌어가는 인물이 되게 해야 사회와 나라는 균형을 이루게 되는 것이다. 만약에 자녀가 법가도 술가도 세가도 아니라면 엄마가 꿈이 없던가, 아니면 길을 몰라서일 것이다. 선택은 엄마 몫이다.

**무엇을 하든 일정량의 고통이 따른다.
각자의 방식대로
견뎌내는 것일 뿐이다.**

사람은 쉽게 바뀌지 않는다

사람을 바꾼다는 것은 어렵다 쉽다는 문제가 아니라 불가능에 가깝다. 내가 그럭저럭 공부한 탓에 지금 그럭저럭 살고 있다. 그런데 자식한테도 그와 똑같은 삶을 살도록 한다면 이건 고민해 봐야 하는 일이 아니라 그 사람이 문제 있는 거다. 지금의 나는 과거의 결과물이라는 것을 잊으면 안 된다.

적지 않은 숫자의 청춘들이 시집 장가를 안 간다고 한다. 그 결과 나라가 소멸 위기에 있다고 뉴스에 심심찮게 보도되고 있다. 그래서 정책당국은 젊은 청춘들에게 결혼을 독려하는가 하며, 자녀를 낳으면 현금으로 1억 원을 준다는 회사까지 생겨났다. 돈을 준다는데야 우선은 찬성이다. 다만 이것은 미봉책일 뿐이다. 근본적인 대책에는 한참 못 미친다. 결혼은 왜 안 하고 결혼해도 자녀를 왜 안 낳는지 정책당국은 고민해 봐야 한다.

이유는 간단하다. 막말로 누구 좋아하라고 결혼한단 말인가. 짐승들은 내 새끼를 키울 환경이 안 되면 절대로 새끼를 낳지 않는다고 한다. 하물며 사람인데, 내가 설령 결혼해서 자식을 낳아봐야 그 자식도 여전히 밑바닥 인생을 헐떡일 텐데 생각이 있는 자라면 누가 결혼해서 자식을 낳겠는가.

문제는 자녀가 있는 경우이다. 어른이 되어서 '저런 일?'

하면서 '요 모양 요 꼴로?' 살 줄이야 꿈 엔들 알았겠는가.라는 지경이라면 심각한 거다, 모두는 어려서 꿈이 있고, 말은 안 해도, 표현은 안 한다 해도 마음속으로라도 어른이 되면 '이렇게 저렇게 해야지' 하는 무언가가 있었을 것이다. 그런데 이제 막상 어른이 되어보니 세상은 내 생각대로 움직여 주지를 않는다. 결국 '요 모양 요 꼴로?' 사는 거다. 이쯤 되면 어린 자녀를 둔 엄마는 실천 가능한 고민을 해야 한다. 어떻게 해야 '저런 일?' 하면서 '요 모양 요 꼴로?' 사는 삶을 자녀에게 대물림하지 않을 수 있는가를 말이다.

세상에는 수많은 사람살이의 일들이 있다. 막말로 뭔 짓을 한들 밥 굶겠는가. 내 한 몸 성실하게 움직이면 밥 먹고 사는 데는 크게 지장이 없다. 문제는 그렇게 살지 않으려니까 있는 것이다. 평생 돈이든 뭐든 걱정 없이 살려는 데 있는 거다.

그 중심에 공부가 있는 거다. 어려서 할 일은 다른 게 아니라 그냥 공부만 열심히 하면 되는 일이다. 공부가 안되니 자꾸만 이것도 해보고 저것도 해보고 하는 거다. 그 심정을 모르는 바는 아니나 그것은 권도다. 우선은 정도를 가르칠 필요가 있는 거다. 삶은 때로는 안 될 것 같지만 정면 돌파가 통할 때도 있는 법이다. 특히 어린 자녀에게 공부는 인생을 사는 가장 바르고 확실한 정면 돌파이다.

빌어먹자니 부끄럽고
땅을 파자니 힘이 없고
에라이, 죽치고 앉아 공부나 하자.

엄마의 눈높이만큼 자녀는 자란다

자녀를 낳으면 엄마는 자녀에 대해 계획을 세워야 한다. 개집을 지어도 설계도가 있는데 하물며 내가 낳은 아이의 인생인데 계획서가 없어서야 하겠는가? 사람살이에는 크게 두 가지가 있다. 부리는 삶과 부림 당하는 삶이 그것이다.

공부하라는 말은 누군가를 옭아매기에 딱 좋은 말이기도

하다. 공부를 안 하면 세상 사는데 무척 힘겹다. 왜냐하면 공부한 사람들이 공부했을 때 살아가기 쉽게끔 만들어 놨기 때문이다. 그래서 공부 안 한 사람의 경우는 어지간해서는 공부한 사람의 세상에 들어가기가 어렵다가 아니라 들어오게끔 문을 열어주지를 않는다. 물론 우격다짐으로 어찌어찌해서 들어갈 수는 있겠지만, 그게 오죽이나 하겠는가. 특히도 공부한 사람들은 공부 안 한 사람들을 다루는 법을 너무도 잘 알고 있는 데 비해 공부 안 한 사람들은 공부한 사람들 다루는 법을 전혀 알지 못한다. 단지 공부한 사람들 밑에서 일하는 최적화된 몸을 가지고 있을 뿐이다.

이쯤에서 엄마는 선택하고 계획해야 한다. 내 자녀를 누군가 밑에서 일하기 딱 좋은 최적화된 몸으로 만들 것이냐. 아니면 누군가를 부리는 데 최적화된 인물로 만들 것이냐이다. 이것은 어려서부터 만들어져 와야 하는 것이다. 그 책임은 엄마한테 있는 거고, 분명한 것은 공부라는 것은 쉬운 것도 그렇다고 재미있는 것도 아니다. 공부가 재미있다고 말한다면 아마도 공부 잘해서 얻어지는 이득과 공부해서 누리는 그 결과물의 혜택인 것이다. 재미로 따지면야 그냥 먹고 노는 게 최고로 재미있다. 문제는 먹고 놀 만큼 돈이 있느냐이다. 그래서 사람들은 싫지만, 아침이 되면 나가서 누군가 밑에서 일해주고 품삯을 받아 돌아오는 것이다. 이것을 누구는 평생을 반복하며 살기도 한다. 누군가 밑에서 시급 얼마짜리로 일해주고 그날의 품삯 받아 돌아오는 거 그거 나쁜 거 아니다. 꽤 괜찮은 일이다. 그저 조금 벌어서 조금만 먹고사는 거 그야말로 좋은 일이 분명하다. 단순하게 사는 게 어떨 때는 좋을 때도 있다. 문제는 한세상 태어나서 평생을 그렇게 살다 간다는 게 인생살이에서 적절하냐 이다.

　물론 현자들은 말한다. 학력이나 돈이 그 사람이 어떤 사람인지를 말해주는 것은 아니다. 다만 그가 어떻게 사느냐가 그 사람이 어떤 사람임을 말해주는 것이다. 라고 이야기한다마는 이것만은 명심하라. 공부 잘한 사람이 공부 안 한

사람보다 삶이 더 선택의 폭이 넓고, 돈 많은 사람이 돈 적은 사람보다 씀씀이는 크다는 것을

볕으로 왔다가 노을로 사라지는 하루
후줄근한 모습으로 쫓겨가는
인생은 되지 말라.

자녀를 위해서라면 기꺼이 물어야 한다

　자녀의 난대로의 모습 그대로 자라게 하고 엄마 뱃속에서 형성된 그 마음 그 성품으로 세상을 살게 해야 한다. 왜냐하면 아이의 마음에는 누구도 건들 수 없는 거인의 성품을 가지고 있어서다. 점점 자라면서 거인의 성품은 훌륭한 사람으로 나타나는 것이다. 그런데 아이가 그렇지 못하게 된 데는 성장 과정에 문제가 있는 것이 아니라 엄마의 잘못인 경우가 많다.

아이의 성품에 흠도 금도 가지 않는 가르침이 필요하다. 잔소리도 안 되고 윽박질러서는 더욱 안 되며 조건을 제시하며 타협하는 공부는 더더욱 안 된다. 그래서 수많은 어린이가 처음 세상에 날 때는 다 똑같았으나 자라면서 이리 치이고 저리 치이고 하는 사이에 마음에 굳은살이 박여 그 좋은 공부를 결국에는 하기 싫어하고 두려워하고 끔찍하게 여기는 지경까지 이른다. 자녀를 위한다며 이것도 해보고 저것도 해보고 의도는 좋으나 정작 아이에게는 부담이 될 수도 있고 상처가 될 수도 있다. 더러 이렇게 말하기도 한다. 아이의 의견을 존중해야 한다고 그러나 현실에서 아이의 의견을 존중해서 그것을 실천하는 엄마가 몇이나 있으랴.

만약에 자녀가 공부하기가 싫다면, 학교 가기가 싫은 게 아니라 아예 학교가 싫다고 한다면, 여기에 대해 명쾌한 답을 가진 엄마는 많지 않으리라. 할 수 있는 일이라고는 그저 잘 달래서 다시 학교 보내는 게 전부다. 학교를 제외한 딱히 이렇다 할 대안 교육을 찾기가 평범한 엄마로서는 쉽지 않아서다. 더군다나 남과 다른 길로 간다는 것은 두려운 일이며 그것은 하기 좋은 말로는 다를 뿐이야 라고 한다지만 삶은 판타지가 아니다. 그래서 남들과 다른 순간부터는 틀린 게 맞기 때문이다. 그 엄마가 학교 밖에서 남들과 다른 경험이 없어서라면 틀림은 커다란 부담으로 닥치기 때문이다.

이럴 때는 주변의 고만고만한 사람들의 말보다는 강호의 현자를 찾아가는 게 옳을 수도 있다. 강호에는 숨은 현자들이 많을뿐더러 그중에는 자녀를 길러내는 데 독보적인 고수들도 많다. 길을 잃고 헤매는 것은 묻지 않아서라고, 현자들은 말한다.

만남에는 반드시 유익한 만남이어야 한다.
제자는 스승을 잘 만나야 하고,
스승은 제자를 잘 만나야 한다.

엄마의 본분은 자녀를 잘 키우는 일이다

꽃은 태어남에 대하여 자신을 스스로 증명한다. 꽃은 바람을 타고 날아다니며 향을 내기 때문이다. 사람도 꽃처럼 바람을 타고 다니면서 자신을 증명할 수 있으면 얼마나 좋으랴. 그러나 아쉽게도 사람은 그렇게 증명될 수가 없다. 사람은 사람의 방법으로 자신을 증명해야 한다. 세상은 이것을 노력이라 부른다. 노력이라는 것은 내가 내 몸을 일정량 수고해야 얻어지는 것이다. 가장 정직한 몸부림인 것이다.

　엄마가 엄마로서 인정받을 수 있는 일은 자녀를 잘 키우는 일이 전부다. 엄마가 SNS를 한다. 이것이 설령 중독이 아니라 해도 이런 것에 일정량 시간이 할애된다면 그런 집안은 이미 갈 데까지 간 집안이 분명할지도 모른다. 이것이 좋다 나쁘냐를 말하는 게 아니다. 모든 행위에는 순기능과 역기능이라는 게 있다. 엄마쯤 됐음에도 SNS 같은 것으로 인정을 받고 싶어 한다면 고민해 봐야 하는 문제다. 그게 무슨 큰 잘못이라고 고민까지 운운하는가.라며 볼멘소리를 하는 사람도 있을 것이다. 마는 왜냐하면 결혼 전에야 여기저기 좋은 경치를 유람하면서 맛집도 찾아다니면서 때로는 몇 시간씩 줄을 서서라도 유명 요리사가 지어주는 음식을 먹는다. 할 수도 있다. 이를 핸드폰에 추억으로 매 순간을 담아서 SNS에 올리는 거, 그러면 익명의 혹자는 '좋아요'라며 댓글 달아주고 꽤 신나고 재미나고 긴장되고 가슴 설레는 일이 될 수도 있다. 거기까지만이다. 이것이 직업이 되어 한 달이면 수백에서 수천만 원의 이득을 가져다준다면 해야 하는 것이 마땅하다. 그러나 그게 아니라면 이는 낭비 이전에 허세이고 허영일 뿐이다.

 엄마는 엄마로서의 해야 할 일이 있어서다. 엄마가 할 일은 딱히 많은 게 아니다. 그렇다고 복잡한 것도 아니다. 제 속으로 낳은 자녀 잘 키우는 게 엄마의 일에 처음과 끝이다. 이제 SNS에 쏟을 정성을 자녀에게 쏟아야 한다. 자녀가 어리다는 것은 아직은 꿈꿀 수 있는 시간이 남아있다는 말이기도 하다. 그러나 꿈꿀 수 있는 시간에는 유통기한이 있다. 그 속에 자녀가 살아가야 할 하루가 있는 것이다. 하루라는 유효한 유통기한 속에서 공부를 안 했던가, 공부를 덜 했던가 한다면 엄마는 머지않은 날 평지를 걸어도 절벽을 타는 숨 가쁜 하루를 살지도 모른다.

꽃은 그저 피어남으로 자신을 증명하지만,
사람은 자신의 역할 속에서
가치를 증명해야 한다.

인성 공부와 글공부가 다 잘되어야 한다

글공부는 잘하는데 인성이 글러 먹었다면 주변 사람이 피곤하다. 글공부는 꽝인데 인성이 훌륭하다면 이것도 매한가지다. 그래서 공부는 인성 공부와 글공부가 다 잘되어야 한다.

글공부와 인성 공부를 잘하라고 말한 이는 공자다. 논어 개 권 벽두 첫 줄에서 이렇게 말한다. 공부하라. 그리고 그것을 또 복습하라 이게 사자성어로 그 유명한 학이시습이다. 그런데 글공부에는 순서가 있다는 데 있다. 글공부보다 앞서는 인성 공부가 있어서이다. 공자의 말에 따르면 집에 있을 때는 부모님께 효도하고 집 밖에 나가서는 사람에게 공손하며 또 자신을 스스로 삼가고 많은 사람을 아껴주며 되도록 어진 사람과 친하게 지내라. 이러한 것들을 다 행하고 그러고도 힘이 남는다면 그때는 글공부하라. 이게 공자가 말하는 공부하는 법이다.

 쉽게 말해서 사람살이에서는 사람이 우선이라는 말이다. 그 우선에는 바른 사람이 먼저 된 다음에 그러고도 힘이 남는다면 그때는 글을 공부하라는 것이다. 공부라는 것은 삼키기 싫은 쓴 약과도 같은 것이다. 많은 자녀가 공부하기 싫다며 그 미련한 소리를 너무도 씩씩하게 하는 것을 종종 본다. 공부라는 것은 가열하게 덤비되 지치지 않는 배울학과 멈추지 않는 익힐습이 합쳐져 된 글로 학습이라 한다.

어려서부터 경전의 글을 읽고 쓰고 외우면서 그렇게 듣고 보고 배우고 익혀 몸에 습관 되고, 자신 몸을 존중하는 법을 배워야 한다. 인성 공부가 되어있어야 인격도야도 높아 입에서 욕한다거나 쌍소리를 한다거나 천박하게 행동한다거나 신경질 낸다거나 짜증을 낸다거나 남에게 피해를 주는 일들은 없을 것이다. 또 생활면에서 자기 절제의 삶을 살 것이다.

입으로는 예쁜 말을
몸으로는 바른 행동을
언과 행은 다름이 아니다.

영글 때까지 기다려야 한다

송나라 때 살았다는 성정이 급한 어느 노인의 이야기 한 토막이 전해진다. 봄날이 되어 밭을 갈고 씨를 뿌렸다 하는데 때가 차니 움이 트고 싹이 어느 만큼 자랐다 했다. 노인은 기쁘기도 한데다가 마음마저 급하여 다음 날 아침 이른 새벽부터 밭에 나아가 열심히 일하기를 싹이 자란 곡식을 빨리 크게 할 요량으로 반 뼘씩 뽑아서 싹을 더 크게 해 놓았다. 그렇게 하루 종일 일을 하고는 피곤한 몸을 이끌고 집에 와서는 대청마루에 앉으며 "오늘은 일을 너무 많이 해서 힘이 드는구나."라며 혼자 말로 중얼거렸다. 해가 질 녘 마당을 쓸고 있던 큰아들이 이 말을 듣고는 혹시 하는 마음에 밭으로 달려가 보았다. 그랬더니 아니나 다를까. 싹을 전부 다 조금씩 크게 뽑아놓아서 말라 죽어 버린 것이 아닌가. 이렇게 하여 그 집안은 한 해의 농사가 다 망쳤다고 한다.

자녀를 키운다는 것도 이와 별반 다르지 않다. 심고 가꾸고 영글 때까지 기다려야 하듯이 자녀 또한 엄마가 먹여주고 재워주고 입혀주고 하면서 자녀가 혼자 설 때까지 기다려줘야 한다. 사람은 곡식과 달라서 한날한시에 나왔지만, 손가락도 크기가 제각각이듯이 자녀들 또한 그렇다. 먼저 똑똑하다가 나중에 둔해지고 어리석게 되는 경우도 있는 것이고 먼저 둔하게 태어나 자라면서 영리해지는 경우도 있는 것이고 이러하듯이 기다려야 한다. 자녀에게 소리칠 것도 없고 윽박질러 댈 것은 더더욱 없다.

송나라의 늙은이가 자라지도 않은 싹을 일일이 뽑아서 크게 만든 것은 절박함이다. 단지 그것이 죽음에 이르는 길임을 몰랐을 뿐이다. 고래로 든 사람은 기다림을 알고, 난 사람은 멈춤을 알고, 된 사람은 쉼을 안다고 했다. 그래서 현자들의 말에 사람은 시간이 만든다고 했다. 때가 되어 영글 때까지 기다리라는 말이다.

자녀를 키움에 있어,
성장 속도와 방식이 다르니
인내하며 기다림 뿐이다.

제 2 장

씨앗은 제때에 뿌려져야 한다

청소를 통해 나를 변화하라

 공부하는 자녀에게 있어서 공부에 앞서서 청소를 통해서 생활 처소를 깨끗하게 해야 한다. 조선 시대까지만 해도 청소는 천하를 꿈꾸며 공부하는 자녀들에게 있어서는 필수다. 왜냐하면 자기 몸을 단속하는 첫 번째 외적 행동이 되기 때문이다. 더욱이 청소는 어려서 하지 않으면 평생 청소해 볼 기회조차 없기에 그 시대 자녀에게서 청소는 꽤 매력적인 일이기도 하지만 일상생활에서 청소는 결코 무시할 수 없는 대단히 중요한 요소다. 청소를 통해서 나를 낮추는 습관을 길러내기도 하며 부수적으로 얻어지는 것은 청소하니 집안에 먼지가 없어 몸이 건강하고 몸이 건강하니 정신이 맑아지며 정신이 맑아지니 생활의 효율성이 높아지며 또 집이 늘 깨끗하니 시각적 심미적 안정을 갖는다.

특히 청소는 식후에 하는 게 좋다. 밥 먹고 나면 쉼을 갖는 것은 몸에 위험하다. 반드시 식후에는 몸을 일정 시간 움직여 주는 것이 몸에 이롭고 정신건강에도 좋다. 그러니 가능하다면 식후에는 몸을 움직여 청소하는 버릇을 갖는 게 좋다. 조선 시대 자녀들의 일과는 공부로 시작해서 공부로 끝난다. 보통 하루에 열다섯 시간 혹은 열일곱 시간을 오롯이 공부만 한다. 나머지 시간은 밥 먹고 잠자는 게 전부다. 공부가 하루이고 공부가 일상인 저들에게 있어서 청소는 유일하게 몸을 움직이는 시간이다. 공부 많이 해서 벼슬이 높아지게 되면 죽는 날까지 청소할 기회는 영영 사라지는 것이다. 그래서 어려서의 청소는 자기 수신의 과정을 넘어서 매우 소중한 것이기도 하다.

 자기를 변화하고 싶은가 그렇다면 청소부터 시작하라는 말이 있듯이 청소는 자신을 스스로 변화시키는 고귀한 일이다. 훗날 어른이 되어서는 청소할 시간도 여유도 없다. 그때는 나라를 다스려야 하기에 더더욱 그렇다.

새벽, 아침 점심 저녁 그리고 자기 전에 청소한다.
이를 제외한 모든 시간은
쉬지 말고 공부하라.

공부가 깊어야 밥줄이 튼튼해진다

공부라는 것은 새로운 세상에 대한 눈을 뜨는 것이다. 공부가 싫다는 것은 지금의 어둠이 좋다는 말이기도 하다. 사람이 웅덩이에 오래 머물러 있으면 그곳이 집인 줄 안다. 그래서 어둠에 있는 사람일수록 눈을 뜨기를 두려워한다.

엄마 뱃속에 있는 아기에게 가장 큰 두려움은 세상에 나오는 일이다. 왜냐, 생명을 담보한 모험을 거쳐야 하기 때문이다. 곧 탯줄을 잘라내는 일이다. 그에게 있어서 탯줄은 생명선이다. 탯줄이 끊기는 순간 그는 죽었다고 느껴진다. 그래서 있는 힘껏 우는 것이다. 엄마는 안다, 탯줄 다음에 젖줄이 있음을. 젖을 뗄 때는 더 심하다고 한다. 아기들은 필사적이다. 그럼에도 매정하게 들릴지 모르지만, 엄마는 과감히 젖을 뗀다. 엄마가 젖을 뗄 수 있는 그 확신은 무엇을 근거로 하는가. 젖을 먹어야 사는 아기에게 있어서 젖을 뗀다는 것은 또한 죽음에 의한다. 그것을 알기에 아기들은 울어서라도 해결 지어내려 한다. 그러나 젖줄이 끊기면 밥줄이 있다. 그렇게 짧게는 몇십 년에서 길게는 100년 동안 그 밥줄로 인해 생명을 유지 받는다. 그리고 밥줄이 끊기면 그것으로 끝나는 게 아니다. 그다음 줄인 생명줄이 기다리고 있는 것이다.

그렇다면 세 개의 줄이 끊기는 동안 당사자는 뭘 해야 하는가. 공부다. 공부가 깊을수록 밥줄이 튼튼해진다는 사실이다. 하늘이 사람을 엄마의 태중을 통하여 열 달을 살게 한 후에 세상에 낼 때는 한결같이 큰 인물로 점지해서 내보낸다. 그렇게 태어났어도 비록 하늘이 그리 계획했다고 해도 본인이 어느 정도 노력이 없다면 하늘의 계획은 수포가 되는 것이다.

 어려서 공부가 부족했다면 10대 때 열심히 해서 만회를 해야 할 것이고 10대 때 공부가 부족했다면 20대에라도 만회를 해야 할 것이다. 20대 때도 공부가 부족했다면 30대에 가서라도 그간에 못 한 공부를 모두 만회해야 한다. 그리고 40대에 이르러는 천하를 향해 나아가야 한다. 그러니까 아무리 늦어도 39세 끝 날까지는 공부가 마침이 되어 있어야 한다. 이 중에 공부하기가 가장 좋은 때는 어려서와 10대 때이다. 이 시기에는 공부 외에는 별다르게 할 게 없다. 그러니 온전히 공부에만 전념할 수 있다. 좀 더 크면 세상이 공부하도록 놔두질 않아서 공부하고 싶어도 버거워진다.

탯줄이 끊기면 젖줄이 있고
젖줄이 끊기면 밥줄이 있고
밥줄이 끊기면 생명줄이 있다.

공자님의 공부법

공자님의 생활을 볼 수 있는 유일한 책을 들라면 논어가 으뜸이다. 논어라는 책에는 공자님의 일생이 곳곳에 적혀 있다. 평범하게 태어나서 큰 사람으로 성장한 데에 대한 기록인 셈이다. 여기서 분명히 알아야 할 것은 공자님은 큰사람이 된다거나 훌륭한 인물이 된다거나 인생 1차 50년 계획을 세운다거나 하는 그런 거창한 뭐는 전혀 없었다. 그냥 주어진 하루를 게으르지 않게 살았을 뿐이다. 하루를 허투

루 보낸 것이 아니라 옛날의 현자들이 써놓은 시경 서경 주역 책 등을 읽고 공부하는 것으로 하루를 살았던 거다. 이렇게 살았을 뿐인데 이런 삶이 개인 공자에서 인류의 공자님으로 성장할 수 있었던 거다.

여기에는 공자님의 공자님에 의한 공자님을 위한 공자의 공부가 있었다. 공자의 공부라는 것은 특별한 것이 아니다. 옛날 현자들이 써 놓은 책을 읽고 쓰고 외우고 하는 게 전부다. 그러다가 모르는 게 나오면 그것을 알려고 끝까지 파고드는 것도 아니고 모르면 모르는 대로 놔두고 건너뛰어 읽고 알면 아는 대로 읽고 이렇게 성장하면서 어려서 몰랐던 것들은 점점 자라면서 저절로 알게 되고 이해가 되더라는 게 공자의 공부법이다. 특이한 점은 공자의 모친 안징재께서는 아들 공자에게 공부하라는 말을 해본 적이 없다. 3세 때에 아버지를 여읜 공자는 그런 어머니 밑에서 자랐다. 그렇기에 공부라는 것은 누가 시켜서 하는 게 아니다. 스스로가 필요 때문에 해두는 거다. 그렇다면 공자의 공부는 몇 살 때 시작되었을까.

 공자께서 70세에 고백한 말을 인용한다면 공자는 15세에 공부에 뜻을 두었다고 말한다. 요즘 사람들은 5세만 되면 공부를 시작하는 데 비하면 장장 10년이나 늦은 나이다. 비록 공부는 늦게 시작했어도 성인이 될 수 있었던 것은 그냥 무식하게 무식하게 공부한 결과이다.

공자님은 15세에 공부 시작하여
50세에 주역을 읽으셨으며
72세에 춘추경을 완성하셨다.

맹자의 공부법

맹씨보에 따르면 아기 때에 아버지를 여읜 맹자는 어려서부터 영리했다고 기록한다. 얼마나 영리했냐면 한번 읽으면 기억한다고 했으니, 세상에 이보다 더 좋은 일이 어디 있으랴. 자녀가 영리하게 태어나는 것은 본인은 물론이려니와 그 엄마에게 이르기까지 하늘이 준 복이다. 맹자는 궁핍함도 그렇다고 크게 넉넉함도 있었던 것은 아니다. 그럼에도 그의 모친 장씨 부인께서 아들에게 기대가 크셨던 모양이다. 하여 모친은 아들을 데리고 장장 세 번에 걸쳐 이사했다고 열녀전에는 기록한다.

기억할 것은 맹모의 이사시기가 모두 맹자의 어린 시절에 국한된다는 점이다. 이유는 그냥 자연인 천지 분간할 필요도 없는 해맑은 어린아이 맹자에서 큰 인물 맹자로 되기에는 변화가 필요하다는 것을 모친은 알고 있었다. 시간은 누구에게나 동일하면서 변화를 가져다주지만, 그 변화가 무엇인지 안다는 것은 불가능에 가깝다. 이는 닥쳐봐야 아는 일이다.

어려서는 모르고 어른이 되어야만 뼈저리게 아는 사실 하나가 있다. 어른이 다시 어릴 때로 돌아가서 한 가지만 선택해서 인생을 바꿀 기회가 온다면 무엇을 하겠냐는 물음에 모든 어른의 답변은 한결같이 공부를 많이 할 것이다. 그래서 이렇게 살고 있는 삶을 바꾸고 싶다고 했다는데, 어려서의 공부가 부족하면 어른이 되어서 많은 시간을 내가 어떤 일을 겪었는지 나만이 아는 비밀로 쌓이게 된다.

　하루라는 시간이 엄정한 것은 다시 되돌릴 수가 없어서다. 매일 오늘은 있지만 똑같은 오늘은 없다. 그래서 오늘 하루를 잘 못 살면 잘 못 산 그 하루는 영원히 되돌 수 없는 불가역적 잘못으로 남게 된다. 다수의 사람은 이런 사실을 인지는 하지만 애써 모르는 체하며 늘 다른 하루를 같은 하루인 듯 살기도 한다. 그러나 공부한 사람들은 알고 있다. 이미 옛사람의 글을 통해서 읽었기 때문에 같은 오늘이지만 같은 오늘을 사는 것은 아니다.

일 년에 거두려거든 곡식을 심고,
십 년 백 년에 거두려거든 나무를 심고,
영원히 거두려거든 공부하라.

씨앗은 제때에 뿌려져야 한다

봄에 밭 갈고 씨앗을 뿌리지 못했다면 여름에 땡볕 아래서 밭 갈고 씨앗을 뿌려야 할지도 모른다. 말이 좋아 여름에 밭 갈고 씨앗을 뿌리는 거지, 그거 해본 사람만이 아는 고통이다. 이런 고통을 일러 먹고 사는 고통이라 부른다. 그렇다고 모두가 이런 고통을 겪는 것은 아니다. 가진 거 없는 데다가 배움까지 없다면 그야말로 먹고사는 고통은 전쟁을 방불케 할 것이다.

자녀가 어려서는 엄마 아빠가 그 몫을 감당하니 어린 자녀는 공부 안 하면 몸이 어디까지 고통을 견뎌야 하는지를 알 수가 없다. 눈치 빠른 아이 같으면야 엄마 아빠가 힘들게 사는 것이 안쓰러워서라도 더욱 열심히 공부하겠지만 특별히 하늘이 낸 효자가 아닌 바에야 다수의 어린아이는 그런 것이 눈에 보이지 않는다. 엄마 생각하는 마음을 갖는다는 게 어디 말처럼 쉽겠는가. 당연히 그렇게 살아가는 것인 줄 알 뿐이다. 어쩌면 주변에서 봐온 또래들의 삶이 그렇게 살아가는 것을 봤기 때문일지도 모른다.

고등학교 때까지만 해도 호기롭게 살았으리라. 엄마한테 손만 벌리면 돈이 척척 들어왔으니까. 공부를 열심히 해야 할 필요성도 그리 절실함도 없었다. 그저 틈나면 핸드폰에다 게임이다. 유튜브다 이런저런 소소할 것 같은 일들까지 이렇게 사는 게 소확행이라며 하루하루가 빨리 지나가기만을 바랐을지도 모른다. 그것이 내 발 등 찍는 일인 줄도 모른 채.

인생의 봄을 일러 19세까지라고 말하기도 한다. 학교로 치면 고등학교 졸업과 동시에 인생의 봄은 지나간 거다. 더러 혹자는 이 시기를 너무 쉽게 생각하기도 해서 낭패를 겪기도 한다. 이 시기는 쉬고 놀며 즐기라고 있는 시간이 아니다. 밭을 갈고 씨앗을 뿌려야 하는 아주 중요한 시기이다. 만약에 이 시기에 해야 할 것들, 곧 밭을 갈고 씨앗을 뿌리는 일들을 게을리했다면 그 사람의 인생은 일차 연착이 된 거나 진 배 없다. 그에 따른 손실은 참으로 크다 하겠다. 이는 되돌릴 수 없는 시간이기 때문이다. 이런 사람들을 향한 어른들의 그럴싸한 말이 있다. 젊어서 고생은 사서 한다. 가 그것이다.

이런 것은 고생을 사서 한다고 말하는 게 아니라 어려서 엉뚱한데 신경 쓰느라 공부 안 해서 안 해도 될 고생을 하는 거라고 말하는 거다.

공부의 씨앗을
제때 뿌리지 않으면
삶이 버겁다.

공부는 어려서부터 시작해야 한다

엄마가 자녀에게 있어서 놓치고 가는 게 있다. 자녀가 어리다는 이유로 공부를 헐렁이 한다는 거다. 어려서의 공부가 헐렁했다면 십 대 때 공부는 그보다 배로 호되게 해야 한다. 십 대 때 공부가 헐렁했다면 이십 대 때 더 호되게 해야 한다. 이때도 헐렁했다면 이제는 나이가 있으니, 이쯤에서 정신 차리고 삼십 대에 이르러 모든 것을 만회해야 한다. 그럼에도 이런저런 이유를 들어 공부를 안 했다 하면 이제부터는 그냥 사는 대로 살아야 한다.

 더우면 덥게 사는 거고, 추우면 춥게 사는 거고, 배고프면 배고프게 사는 거고, 달리 방법은 없다. 더러는 지인들이나 혹자들에게 위로를 받을 수는 있다. 그렇다고 그 위로가 결코 내 삶을 바꿔주는 것은 아니다.

 공부는 뭣도 모를 때 하는 거다. 네 살 다섯 살 된 어린이가 나는 어른이 되어서 뭐가 되겠다.라고 작정하고 공부하는 경우는 드물다. 그냥 엄마가 공부하라니까 하는 거다. 공부의 목적지가 어딘지도 모르고 공부해서 어디다 써먹을지는 더더욱 모른다. 그러나 공부라는 것은 나중에 뭐가 되고 싶은 나와 지금 공부하는 나를 이어주는 가교와 같은 거다. 만약에 내가 지금 싫다고, 놀고 싶다고, 어렵다고, 힘들다며 이런저런 핑계를 대며 공부하지 않으면 무엇이 되고 싶은 미래를 꿈꾼다는 것은 불가하다. 그냥 한세상 온몸으로 아등바등 살아야 한다.

세상이 아무리 뒤집어지고 천지개벽이 일어나서 윗물이 아랫물 되고 아랫물이 윗물이 된다 해도 결국 세상을 이끌어가는 것은 공부한 사람들에 의해서다. 공부는 직접 해봐야 하는 거다. 누군가의 말을 듣는 것은 가르침을 받는 것이거나 배움의 영역인 것이지 내가 공부하는 것은 아니다. 내가 공부하는 것은 오직 읽고 쓰고 외운 다음에 밤에 엄마 앞에서 오늘 하루 동안 읽고 쓰고 외운 것들을 안 보고 시험을 봐서 통과하면 그건 공부한 거다. 어려서는 매일 이렇게 공부해야 하는 거다. 공부하는 이유는 다른 데 있는 것이 아니다. 어른이 되어서 더울 때 덥지 않고, 추울 때 춥지 않고, 온 가족이 등 따습고 배부르고, 남한테 피해 안 주고 아무 걱정 없이 살려고 하는 데 있다.

모든 일에는 처음이 있는 법이다.
그 시작은 마땅히 공부이어야 하며,
공부는 사람을 배신하지 않는다.

공부는 깨달음이 아니다 그냥 하는 거다

옛날에 호랑이 담배 물던 시절이 있었다. 그때의 백성은 나라에 큰 거 바라는 게 아니다. 그저 잠자고 일어나면 아침밥 배불리 먹고 일하러 갈 일터가 있으면 그것으로 충분했다. 백성에게는 일이 절대 필요하다. 위로는 노 부모님을 모시고 좌우로는 처와 자녀를 먹여 살리는 거 그게 전부다. 조선 시대라고 해서 크게 달라지는 것은 아니다. 사람 사는 것은 다 고만고만하기 때문이다.

다만 한 가지 다른 것이 있다면 가난은 임금님도 구제 못한다는 말이 그것이다. 임금님이 나라와 백성의 주인이던 시절이 있었다. 그 임금님이 무능하여 나라를 약하게 하고 백성을 가난하게 했다. 가난한 백성은 먹을 것이 없어 굶어 죽기 일쑤다. 그때 나온 말이 가난은 임금님도 구제 못 한다는 말이다. 누가 만들었는지는 모르지만 참으로 천고의 명언이 아닐 수 없다.

무지한 백성들은 그 말이 무슨 성현의 말씀이라도 되는 양 아침저녁 밤낮 가릴 것 없이 남녀노소 누구를 관계없이 입에 달고 살았다. 이 말은 가난에 책임 주체인 임금을 교묘히 비껴가게 만든 신의 한 수인 셈이다. 가난은 임금님 책임이 맞다 그러나 백성은 그리 생각하지 않았다. 다 제가 못나서 그러는 거려니 했다. 참으로 착하고 갸륵한 백성인 것만은 분명했다.

명칭만 백성에서 국민으로 바뀌었을 뿐 지금 시대라고 해서 가난한 국민이 없는 것은 아니다. 이 가난은 누구 책임인가. 공부 많이 한 자녀는 어른이 되어 나라를 이끌고 국민을 먹여 살리는 자가 되어야 한다. 나라를 다스리는 자녀는 크게 두 단계의 시간을 갖고 살아야 한다. 낮은 단계와 높은 단계가 그것이다. 낮은 단계의 시간으로는 노는 시간이 많아야 하고, 쉬는 시간이 많아야 하고, 사색의 시간이 많아야 한다. 이러한 것들은 이미 어려서 공부가 많이 되어 있은 연후에 가능한 것이다. 그러나 어떤 자녀는 어려서 공부는 안 했으면서 어른이 되어 노는 시간이 많고, 쉬는 시간이 많고, 사색의 시간이 많다. 일의 차서가 바뀐 것이다. 이렇게 되면 본인을 제외한 모두는 충분히 피곤할 수가 있다.

높은 단계의 시간으로는 사람을 다루는 공부인 인문학 공부가 필요한 것이다. 경전을 읽고 가르침을 받아야 한다. 그 속에서 치국의 정수를 얻어내는 것이다. 이것이 공부 많이 한 자녀가 하는 일이다. 지금 시대는 공부 많이 한 자녀가 없다. 그래서 나라를 다스리는 사람은 많으나 가난한 국민은 더 많은 것이다. 공부를 많이 하지 않은 자녀가 다스리는 세상은 언제나 가난하다. 왜냐하면 어떻게 해야 국민이 부자로 잘사는지를 알지를 못하기 때문이다. 이 또한 엄마의 잘못이 크다 하겠다. 제 자녀만 잘 먹고 잘살게 공부시켰으니 말이다.

결과를 내지 못하는 공부는
진정한 공부라 할 수 없노라.
공부만으로도 충분히 존엄할 수는 있다.

어리석어야 산을 옮긴다

성공에는 똑똑함도 필요하고, 경제 사정도 넉넉해야 하고, 또 운도 따라줘야 하지만 그보다 더 중요한 것이 있는데 미련하고 꾸준한 노력이다.

우공의 꿈이 어찌 산을 옮기는 것만이겠는가. 옛날 중국의 익주남쪽과 하양북쪽에는 상상도 못할 크기의 태항산과 왕옥산이 있는 데 둘레가 각각 700리나 되고 높이도 수만

척이 되어 한 번 친구라도 만나볼 요량으로 집을 나서면 몇 달을 걸어가야 겨우 도착할 정도로 불편함이 이만저만이 아니다. 그 산 북쪽 어디쯤 나이가 구십이 훅 넘은 노인이 살고 있었는데 괭이 한 자루 들고는 매일 산을 뚫고 있었다.

 하루는 지수라는 사람이 물었다. 노인께서는 무슨 까닭으로 괭이 하나로 산을 뚫는단 말이오. 그러자 노인은 말한다. 내가 살날도 얼마 안 남았는데 죽기 전에 친구들이나 실컷 만나보려고 친구 집에 가려고 길을 뚫고 있는 거라오. 너무도 어처구니없는 말이라. 뭐라 답변할 말이 없었다. 이런 일이 있고 난 뒤 사람들은 이 노인을 일러 어리석다며 우공이라 불렀다. 하루는 산을 지키는 귀신과 산신령이 와서 괜히 헛고생하지 말라며 비아냥댄다. 우공이라 불리는 노인이 말한다. 내가 처음 시작했으니 내가 죽고 나면 아들이 할 것이고 아들이 죽고 나면 손자가 할 것이고 손자가 죽고 나면 그 자손이 할 것이고 이러다 보면 언젠가는 길이

뚫어지지 않겠소. 그러자 귀신과 산신령들이 깜짝 놀라서 저대로 놔뒀다가는 산을 다 깎아 평지로 만들 노인이라며 위기감에 노인이 원하는 방향으로 길을 내주었다.

 세상에 이름이 나고 큰일들을 성취한 사람들의 공통적인 특징을 들라면 가공할 수 없는 노력을 했다는 사실에 놀라곤 한다. 노력은 미련하고 멍청하기가 짝이 없어서 하면 할수록 는다.

날마다 작은 일을 이루다 보면
언젠가는 큰일도 이루게 된다.
견딤은 쓰임을 낳는다

청춘이 아름다운 것은 공부할 수 있어서다

그 중심에 떠버리 장재에서 횡거장재가 된 인물이 있다. 어려서 장재는 집은 가난했고, 글을 읽은 게 없었고 일하기는 싫고 말은 많았다. 마을 여기저기를 다니면서 들은풍월로 늘 으스대고 있었다. 어느 날 재상 범중엄이 마을 근처로 지난다는 말을 듣고는 자신의 지식도 자랑해 볼 겸 또 자신은 인재이니 지방 수령이라도 괜찮으니 추천해달라 말도 해 볼 겸 하여 재상 범중엄에게 독대를 청한다. 특이한 것은 일국의 재상이 이런 떠버리 청년을 만나주었다는 사실이다. 장재의 이야기를 장장 이틀 반나절을 듣고 나니 장재가 말을 끝마쳤다. 재상 범중엄은 아무 말도 없이 자신이 깔고 앉은 호피 방석과 중용 책 한 권을 주면서 이 책을 다 외우되 호피 방석이 구멍 나면 나를 찾아오시게. 재상이 준 중용 책을 읽으면서 장재는 도대체 나이가 열아홉 살이 되도록 내가 뭘 하고 살았던 거야. 라며 피를 토하는 후회를 한다. 그리고 인생을 처음부터 다시 시작했다. 그는 자신이 부끄러워 살아생전에 범중엄을 찾아가지 않았다 한다. 그렇게 열심히 공부한 결과 훗날 북송 오 현의 반열에 오른 입지전적인 인물이 됐다.

천지창조 이래 하루에 새벽이 두 번 오는 경우는 없다. 한 번 밝아진 아침은 반드시 밤을 맞고서야 하루를 마무리 짓는다. 여기까지는 신의 영역이다. 사람은 사람의 일을 해야 한다. 사람의 일에 시작은 어린 시절부터이다. 어린 시절이 좋은 것은 공부할 수 있어서다. 공부가 좋은 것은 앞으로의 남을 생을 살아가는 데 필요한 준비를 할 수 있기 때문이다. 더러는 어려서 공부하지 않고 세상을 살겠다며 덤비기도 하는데 용기는 가상타 마는 그거 대단히 위험한 일이다.

공부의 결과라는 것은 노력이 실천으로 표현되는 일들이다. 노력을 충분하게 했더라면 좌고우면도 머뭇거림도 떨림도 없이 거칠 것 없을 것이다. 공부에 대한 노력은 전혀 되어있지도 않으면서 잘하려고만 한다면 그것은 크고 작은 실수부터 떨리는 지경까지 이를 수 있다. 공부는 노력을 담보로 하고 노력은 성실을 먹고 산다. 성실한 사람은 남을 속이거나 이용하지 않는 사람이겠지만 우선은 어려서 공부를 하는 사람이다. 왜냐하면 자기 노력을 믿기 때문이다. 사람살이라는 것은 머리가 좋고 나쁘고는 의미 없다. 오로지 공부에 대한 무지막지한 노력만이 결과를 말하는 거다.

하늘이 사람에게 어린 시절을 준 것은
나를 바꿀 수 있는 시간을 준 것이다.
매일 앞으로 나아가고 있음을 증명하라.

내일의 희망은 다시 뜬다

공자님은 3세 때 아버지가 돌아가셨다. 퇴계 이황 선생님은 난지 7개월 때 아버지께서 돌아가셨다. 공자님은 위로는 누나가 아홉이요 하반신 못 쓰는 형이 한 분 계셨다. 퇴계 이황 선생님은 1녀 7남의 막내셨다는데 여기서 어린 공자께서 또 퇴계 이황 선생님께서 할 수 있는 일이라곤 아무것도 없다. 그렇다고 그의 모친 앞으로 재산을 남겨둔 것도 아니다. 가난을 일용할 양식처럼 먹고 사는 것을 시작으로 공자님도, 퇴계 이황 선생님도, 눈물 젖은 삶의 서사는 시작된다. 그냥 살려고 발버둥 치는 거 그게 그들이 할 수 있는 일의 전부다.

누구나 그러하겠지만 사람살이는 어떤 이는 절반쯤, 어떤 이는 온전히 다. 사는 거 자체가 비극적이기도 하다. 그럼에도 주저앉지 못하는 것은 가끔 한 번씩 빛줄기처럼 내리쬐며 찾아오는 웃을 수 있는 순간들이 있어서다. 그게 가족이고 그 속에 자녀가 있는 거다.

낮은 곳에 살아도 하늘은 보인다며 서로를 위로하면서, 그러나 살아본 사람은 안다. 낮은 곳에 살면 절대로 하늘을 볼 수 없는 게 아니라 하늘이 안 보인다는 것을 이미 경험을 통해 알고 있다. 그럼에도 보인다고 우기며 사는 이유는 그렇게 믿고 사는 게 그래도 조금은 희망적이기 때문이다. 오늘이 힘들다고 주저앉고 포기하는 쉬운 쪽을 택하기보다는 내일은 내일의 희망이 다시 뜰 거라며 힘든 쪽에 희망을

건 사람들이 공자님과 퇴계 이황 선생님이시다.

 자녀가 어려서 공부가 부족했거나 게을렀거나 소홀히 했다면 나중에 장성하여 결혼하고 자녀를 낳아 기른다면 가난은 세습되는 것은 물론이려니와 가족 모두가 고통을 함께해야 할지도 모른다. 공부가 쉼이고 쉼이 공부가 되어야 한다. 그렇게 공부하여 어려서는 수신으로, 스무 살이 지나서는 제가로, 서른 살이 지나서는 치국으로, 마흔에 이르러 평천하의 길로 들어서는 거다. 이쯤 되면 하루하루가 날마다 새롭고 즐겁고 기대되면서 벅차 질 것이다.

날 때부터 별은 아니었다.
별이 되기 위해 자기가 할 수 있는
가장 쉬운 일 공부를 했을 뿐이다.

제 3 장

천하를 꿈꾸며 자녀를 길러라

모름이 주는 어리석음은
돌이키기 힘든 결과를 낳기도 한다

　식당에 가면 엄마가 어린 자녀에게 핸드폰 쥐여 주고 게임을 하라고 권하는 모습을 심심찮게 볼 수 있다. 그리하는 이유는 간단하다. 귀찮아서이다. 어린 자녀가 떠들고 치대고 칭얼대니까 엄마는 어린 자녀에게 신경 쓰기보다는 다른데 더 관심이 있으니 그 순간만큼은 어린 자녀가 귀찮아지기도 한다. 그에 대한 해결책으로 핸드폰 쥐여 주면, 엄마한테 관심을 둘 틈도 아깝게 된다. 이런 면에서 핸드폰은 꽤 그 쓰임새가 유용하고 할 수 있다.

 엄마가 이렇게 행동하는 것은 잘못은 아니다. 다만 몰라서 그러는 거다. 무엇을 모른단 말인가. 어린 자녀를 이런 식으로 길러내면 나중에 그 결과는 고스란히 엄마 몫으로 되돌아온다. 모르는 것은 비단 엄마뿐 아니다. 자녀도 그렇다. 자녀가 초등학교 다니거나 중학교 다니는데도 공부 안 하는 것은 몰라서 그러는 거다. 공부 안 했을 때 고등학교 마치고 사회에 나가면 어떤 결과가 기다리고 있는지를 어린 자녀로서는 아무리 말을 해주고 달래본들 이해 자체가 안되기 때문이다. 이것은 그 나이가 되어 겪어봐야 아는 일들이다. 그렇다고 그 나이 되어 겪어 볼 때까지 마냥 기다릴 수는 없는 일 아닌가.

 자녀는 설명이나 설득이 필요한 게 아니라 공부가 필요한 거다. 그냥 공부를 열심히 해야 하고 거기다가 공부를 잘해준다면 더 좋은 일이다. 공부 안 하면 선택의 폭이 그만큼

적어지는 것이다. 어느 시대고 공부 안 한 사람이 살기에는 너무 힘들다. 어려서 공부 안 하면 평생을 힘들게 살아야 한다.

 공부라는 것은 누구는 시켜서 하고, 누구는 날 때부터 하고, 누구는 시켜서도 안 한다. 그건 각자의 자유다. 그러니 거기에 따른 결과는 각자가 감당해야 한다. 어려서 범하는 실수 중에 가장 큰 실수는 공부할 시간이 충분한데도 공부하지 않은 실수다. 하루라는 시간을 공부하는 것으로 꽉 채워야 한다. 공부 안 했을 때 그 결과가 어떻게 내 삶을 파고드는가를 빨리 깨달아야 한다.

하루를 죽기 살기로 공부하며
꽉 채우고 갈 것인가
그럭저럭 텅 빈 채로 갈 것인가

자녀가 쉬고 노는 것에 관대한 엄마

율곡 이이 모친 신사임당은 생전에 웃을 일이 없었다고 전한다. 단지 몇 번 기뻐했다고는 하는데 이는 아들이 과거시험 합격했을 때라고 한다. 하루는 제자가 율곡 이이 선생께 물었다. 선생님을 일러 세상 사람들이 구도장원공이라 하는데 어찌하여 남들은 한 번도 붙을까 말까 한 과거시험을 아홉 번씩이나 합격했으니 선생님 때문에 평생 한 번 붙을까 말까? 한 사람들에게 다소 미안한 것은 아닐는지요.

이에 율곡 이이는 답한다. 시험을 보아 장원을 하면 어머니께서 기뻐하셨다. 그래서 어머니를 기쁘게 해드리기 위해 나라에서 과시가 행해진다는 소식이 들릴 때마다 시험을 보다 보니 아홉 번씩이나 보게 되었노라.

 율곡 이이를 일러 조선 최고의 노력형 천재 국가시험에 아홉 번 장원했다고 하여 구도장원공이라고 부르는 이유가 여기 있는 것이다. 그 이면에는 어머니를 기쁘게 해드리기 위한 율곡 이이 선생 나름의 효도인 셈이다. 율곡 이이 공께서 처음 과거에 응시한 때가 13세 무렵이라 한다. 참으로 갸륵하고 훌륭한 일이라 하겠다. 신사임당의 아들 교육은 그다지 특별할 게 없었다. 그냥 눈뜨면 책 읽고 쓰고 외우게 시키는 일이다. 그리고 밥때 되면 밥 먹고 밥 먹고 나면 또 책 읽고 쓰고 외우게 하고, 날마다 이렇게 살았다 한다. 문제는 율곡 이이 공께서 어린 나이임에도 이를 묵묵히 따라 했다는 데 있다.

운동이니, 명상이니, 여행이니, 다 좋은 얘기다. 이런 것들은 노년에 주머니에 카드 한 장 딸랑 넣고 천하 명산을 찾아다니며 쉬엄쉬엄 유람하면 된다. 어려서는 아무 데도 갈 것도 갈 필요도 가서도 안 된다. 그럴 시간이 어디 있으랴마는 어린 시절은 너무 짧다. 어려서는 오로지 공부만 해야 한다. 굳이 어려서부터 자녀의 인생의 전성기를 만들어 줄 필요는 없다.

공부라는 것은 어려서부터 깊고 넓게 많이 해야 하는 것이다. 거기에 따를 행동으로는 읽고 쓰고 외우는지가 병행된다. 그렇지만 많은 아이가 이렇게 하지 않는다. 나름대로 이유가 있겠지만 세상의 것이 그들의 마음을 빼앗아 가서 그런 것이다. 어린 아들이 공부 밖의 것에 마음을 빼앗기면 공부에 마음 두기란 불가능에 가깝다. 한 번 빼앗긴 마음을 되찾기란 하늘의 별을 따오는 것만큼이나 어렵다. 세상은 저런 집안의 자녀들이 공부하기를 원치 않는다. 왜 그럴까? 세상을 지탱한 힘이 필요하기 때문이다. 공부하지 않는 집안의 자녀들은 세상을 이끌어가는 훌륭한 재목이 분명하다. 세상은 두 개의 축으로 돌아간다. 부리는 사람과 부림 당하는 사람이 그것이다. 부리는 사람의 측면에서 볼 때 부림 당하는 사람이 굳이 공부할 필요도 없고 책을 읽을 필요는 더더욱 없는 것이다. 어쩌면 이것은 저런 집안의 자녀로 태어나서 유일하게 공부하지 않아도 잘 살아갈 수 있도록 이런 집안의 자녀들이 베풀어놓은 악마의 은혜인지도 모른다.

어려서 하루 놀면
늙어서 1년이 되다는데
그걸 증명하기 위해서 놀 필요는 없다.

고집이 세다고 그거 좋은 일이다

고집 센 자녀, 욕심 많고 이기적이고 지기 싫어하고 실력은 없으면서 능력도 안 되면서 돈은 펑펑 쓰고 싶고 부자는 되고 싶은데 돈은 벌기 싫고 이런 자녀를 둔 엄마는 피곤하다. 그런데 이런 성격을 갖는 건 나쁜 게 아니다. 자녀가 고집 세고 욕심 많은 거 그거 좋은 일이다. 공부하는데 고집이 세야 한다. 돈 버는데 욕심이 많아야 한다.

맹자는 말한다. 나는 마음을 비웠다.라고 말하는 순간 거짓말이라고, 인간은 태생적으로 마음을 비울 수가 없는 존재란다. 그렇다. 쓸데없이 마음 비우느라 애쓸 거 없다. 그냥 욕심껏 살면 되는 거다. 다만 남에게 피해만 안 주면 무슨 짓을 해도 된다. 또 이기적이면 뭐 어때 그것이 그리도 나쁜가. 엄마를 기쁘게 하려고 남의 집 자식들이 과거시험 떨어지든 말든 나만 주야장천 아홉 번씩이나 장원했다는 신사임당의 아들 율곡도 있지 않은가. 조선 시대 그 누구도 이런 율곡을 향해 이기적이라고 손가락질하지 않는다.

 이기적인 것보다 더 무서운 것은 지독한 배려다. 남에게 털끝만큼의 소리도 듣지 않으려는 독하게 바른 생활로 사는 사람을 말한다. 이 정도가 아닌 다음에는 조금은 아닌 아주 매우 이기적이어도 괜찮다. 깨끗하게 벌어서 겁 없이 쓰는 거 그거 좋은 일이다. 그런데 공부도 안 하는 것이 고집이 세다면, 공부도 안 하는 것이 욕심이 많다면, 공부도 안 하는 것이 이기적이라면, 공부도 안 하는 것이 돈만 펑

펑 써 댄다면, 그런 자녀를 둔 엄마는 심장이 쪼그라들어 순간과 찰나마다 천당과 지옥을 왔다 갔다 해야 할지도 모른다.

　우선 먼저 공부를 통해서 해서 될 일과 해서 안 될 일을 알게 해야 한다. 가슴 아프지만, 욕심 많고 이기적인데 공부는 안 하는 자녀를 둔 엄마는 어쩌면 늙어 죽기 하루 전까지 일해야 할지도 모른다. 엄마들이 쉽게 저지르는 실수 중 하나는 물꼬만 터주면 잘 흘러갈 수도 있는데 그걸 못한다는 거다. 내 자녀가 어른이 되어 무엇으로 돌아올 것인가를 고민해야 한다. 지금 공부 안 해서 10년 뒤에 잃을 것이 무엇인가에 대해 손익을 따져야 한다. 이제는 엄마가 바꿔야 한다.

공부 안 하는 야비한 속성에 대하여
엄마는 고민하고 과감히 끊어내야 한다.
그것은 자녀도 살리고 엄마도 사는 길이다.

지금은 죽기 살기로 공부해야 하는 시대이다

엄마로서 자녀가 공부하기 싫다고 하면 그 말을 충분히 존중해준다. 그리고 자녀가 좋아하는 것을 할 수 있게 경제적으로 밀어줄 것이다. 세상에 이보다 더 훌륭한 엄마가 어디 있을까. 이런 엄마를 둔 자녀의 어린 시절은 그야말로 황금기일 것이다. 그러나 이런 엄마의 끝은 결코 행복한 결말만 있는 것은 아니라는데 있다.

지금은 잘하면 좋은 거고, 못하면 어쩔 수 없는 거고라는 식의 낭만적 공부 시대가 아니다. 그야말로 죽기 살기로 공부해야 하는 시대이다. 취미 삼아서 그럭저럭 적당히 헐렁헐렁하게 공부했다가는 언젠가 한 번은 호되게 당할 날이 온다. 심은 대로 거둔다고 했다. 얼마나 무서운 말인가. "애들은 다 그렇게 크는 거야"라고 말한다면 이건 큰일 날 소리다. 어려서는 체계적으로 흔들림 없이 공부해야 하는 거다.

농부가 일할 때 사람들이 흔히 하는 말이 있다. "쉬엄쉬엄 쉬어가면서 해. 오늘 만 날인가 내일 또 해가 뜨는데 쉬어가면서 하라고." 말은 맞는 말이다. 그러나 그 말을 액면 그대로 받아들이고 쉬어가면서 일했다가는 그해 농사는 망치기 십상이다. 농부에게 있어서 농사는 삶과 죽음의 경계이다. 농사를 잘 지으면 가을 겨울이 풍성할 것이고 농사가 게으르면 가을과 겨울은 혹독할 것이다.

엄마에게 있어서 자녀를 기르는 것도 별반 다르지 않다. 자녀를 잘 기르면 자녀의 노후는 황금기가 찾아올 것이고 그게 아니라면 자녀의 노후는 이것저것 닥치는 대로 한 푼이라도 벌어야 목구멍에 풀칠이라도 할 게 아니냐며 돈 되는 일 찾아다녀야 한다. 물론 엄마의 노후는 말할 것도 없고, 얼마나 그악스러운 노후인지를 겪어본 자만이 알 것이다.

공부는 노력의 고단함과
결과의 경이로움이 공존한다
끝나지 않는 공부의 고된 여정이다.

가난을 벗어나는 방법은 공부뿐이다

세상에서 가장 무서운 거, 일생을 살면서 마주하고 싶지 않은 거, 단 하나를 들라면 찰나의 망설임도 없이 아마도 가난을 들리라. 가난은 사람을 들치고 싶지 않은 내면의 깊은 부분까지 드러내게 한다. 모두에게는 어느 정도의 체면이라는 게 있다. 가난은 그것마저도 허락하지 않는다.

성인이나 현자들은 이렇게 말하기도 한다. "가난은 불편

할 뿐 불행은 아니다." 지당하신 말씀이다. 저들은 대중을 이끄는 자들이다. 그래서 대중들에게 희망을 줘야 하고 격려의 말을 해야 할 책무가 있다. 그러면 대중은 저들의 말에 힘을 얻고 "그래, 가난은 불편할 뿐이지 결코 불행한 것은 아니야"를 곱씹으며 또 하루를 견뎌내는 것이다. 그러나 실제로 가난한 사람은 죽음과도 바꿀 만치 가난은 치명적이다.

가난을 극복하는 길은 알고 보면 간단하다. 남 밑에서 죽어라 일해주면 된다. 그리고 거기서 받은 품삯을 한 푼도 안 쓰고 갖고 있으면 된다. 이는 누구나 다 아는 사실이다. 그런데 세상살이라는 것은 그게 내 맘대로 되지 않는다는 데 있다. 백 원 벌면 백 원 모으고 천 원 벌면 천 원 모으면 그게 쌓여 언덕을 이루고 산을 이루어 흘러넘칠 지경은 아니어도 꽤 되는 것은 맞다. 알지만 문제는 실천이 안 된다는 데 있다. 그다음으로 다른 방법도 있다. 자녀를 낳아 잘 기르는 것이다. 무엇이 자녀를 잘 기름인가. 자녀가 공부하도록 하는 거다. 대한민국은 명실공히 공부의 나라다.

여기서 심각한 문제가 하나 있다. 공부 당사자인 자녀가 공부하느냐 마느냐에 달렸다. 엄마의 마음을 알고 죽기 살기로 공부할 수도 있지만, 만약에 자녀가 공부 안 한다면 상황이 심각해진다. 안 한다는데야, 이거 어디다 고소 무책이다. 공부 안 했을 때 오는 결과를 가장 잘 아는 사람은 엄마다. 공부 안 하는 자녀를 지켜보는 엄마는 하루하루가 피가 마른다. 자녀는 자녀대로 이유가 있으리라. 자녀가 말한다 "누가 낳아달라고 했냐고? 왜 날 낳아서 공부하라고 야단이야."라고 소리칠 수도 있으리라. 자녀는 공부한다는 것을 꽤 힘들어한다면, 이때는 스승한테 맡기고 엄마는 기다려야 한다.

세상에서 가장 가슴 아픈 일은 아마도 공부 안 하는 자녀를 지켜보는 엄마의 마음일 것이다. 이보다 더 가슴 아픈 일은 그렇게 공부 안 한 자녀가 장성하여 먹고살겠다고 아등바등 힘든 일. 위험한 일. 가릴 것 없이 닥치는 대로 저 죽는 줄 모르고 해대는 모습을 지켜봐야 하는 엄마의 마음 일 것이다.

가난은 낭만이 아니다
공부를 많이 하면
가난을 마주할 일은 닥치지 않는다.

학교 공부는 돈이 제일 적게 든다

 가난이 얼마나 고통스러운 건데 불편할 뿐 죄는 아니라지만 당하는 자로서는 참 얄미운 것이 가난이다. 가난은 형제간에 우애도 끊게 하고 친구도 멀리하게 하고 사람 구실 못하게 하는 것이다. 가난은 모든 나쁨의 시작이다. 한 번뿐인 인생, 할 수만 있다면 가난은 만나지 않는 것이 좋다. 밥 먹을 땐 개도 안 건든다고 하지만 가난한 사람은 밥 먹다가도 누가 부르면 달려가야 한다. 자다 말고도 일하러 가야 한다. 가난은 그런 거다.

 그 가난을 조금이라도 멀리 밀어낼 수 있는 것이 공부다. 가난한 집안의 자녀일수록 오로지 공부만 해야 하는 것은 공부하는 게 그나마 돈이 가장 적게 들어서이다. 운동을 한다거나 음악을 한다거나 미술을 한다고 할 때 이런 것들은 타고난 천재가 아닌 다음에야 많은 돈을 들여야만 가능한 일이다. 공교육인 학교에서 공부하는 거 그것이 그나마 돈이 제일 적게 드는 것이다. 가난 한 집 자녀라면 학교 공부 정말 열심히 해야 한다. 그래야 가난에서 멀어질 수 있다.

 그럼에도 공부하지 않는 것은 공부 안 해도 충분히 가난을 멀리하고 살 수 있다는 나름의 계산이 있어서이다. 그러나 그런 계산이 잘못된 계산일 때는 뒷감당하기가 쉽지 않다. 그때부터는 각오해야 한다. 이미 시간은 지났고, 공부할 때는 놓쳤고, 이제 남은 것이라곤 죽는 날까지 뼈 빠지게 일하는 게 전부일 것이다. 누굴 원망할 수도 없다. 본인이 공부 안 해서 당하는 일을 누굴 원망하겠는가? 오롯이 본인이 감당할 몫이다.

　공자님께서 공부하면 가난이 없어지는 건 당연하고 계급도 없어진다고 했다. 지금은 계급이 없어진 지 오래다. 다만 드러난 계급은 없으나 공부를 통해서 계급은 정해진다. 더 정확히 말하면 공부를 통한 시험 점수로 정해진다고 해야 옳을 것이다. 세상의 그럴싸한 직업에는 반드시 시험이 있으며 합격 여부는 그 시험 점수의 높고 낮음에 따라서 결정된다. 이것은 공부한 사람들이 만들어 놓은 제도다. 공부 안 한 자들을 끼워주지 않으려고 말이다. 자녀가 학교에서 공부하는 이유는 여기를 통과하려고 공부하는 거다. 세상 그 무엇도 이 시험 점수를 대신할 수 있는 것은 없다. 시험 점수는 사람을 평가하는 가장 확실하고 분명한 방법이기 때문이다.

한 사람을 매장시키려거든
가장 좋은 방법은
공부하지 않게 하는 것이다.

포기만 않는다면 시험은 언젠가는 붙게 되어있다

　세상의 공부라는 것은 그 결과가 시험 점수로 드러난다. 세상 어느 곳이든 사람이 사는 데라면 시험이 없을 수 없다. 시험은 사람을 평가하는 기준이다. 더러는 행복은 성적순이 아니라고 말하기도 한다마는 백번 천번 맞는 말이다. 행복은 성적순으로 매길 수가 없다. 그러나 사람에 대한 평가는 시험 점수를 비껴갈 수는 없다. 시험 점수는 동서고금을 무론하고 사람을 뽑는 기준임에는 분명하다. 그래서 어느 지점에 도달하기 위해서는 반드시 치러야 하는 관문이 있는데 곧 시험이다. 그렇게 치러진 시험에서 받는 점수는 나를 증명하는 증명서다. 문제는 시험에 떨어졌을 경우 어찌해야 하는가이다.

언제쯤일까, 한참도 더 지난 때쯤의 일이다. 혹자가 있었다. 뜻을 세워 향리의 산자락 끝 글방에서 스승을 모시고 10년을 공부했다고 하는데 하산하여 그간에 공부한 것을 시험 쳤다. 합격하면 그다음 과정으로 올라가서 훌륭한 스승을 모시고 더 큰 공부를 하는 것이다. 그런데 결과는 시험에 떨어졌다. 여기서 어떻게 할 것인가. 나이는 벌써 스물하고도 대여섯 살이 되었다. 공부에 뜻을 둔 사람이라면 다시 왔던 곳으로 되돌아가 10년을 더 공부하고 나와서 또 시험을 봐야 한다. 왜 왔던 곳으로 되돌아가 공부해야 하는가. 그때 그 스승은 안다. 어디서? 뭐가? 어떻게? 잘못된 줄을 말이다.

그러나 다수의 사람은 그리하지 않는다. 이제 나이도 스무 살이 넘었으니까. 너도 돈벌이도 해야 하고 결혼도 해야 한다며 이런저런 이유와 핑계를 들먹이며 지금까지 해왔던 공부와는 전혀 다른 곳에서 사회가 정한 시급의 급료를 받으며 일을 하고 있다. 이렇게 되는 데는 엄마의 역할이 크다. 엄마가 일관되게 공부 더해라.라고 흔들림 없이 말해 준다면 가능한데 장삼이사의 엄마들은 그렇게 안 한다. "떨어지면 다른 거 하면 되지 뭐." 이런 식이다.

시험에 떨어지면 어떻게 해야 하는가. 시험에 붙을 때까지 다시 공부하는 것이다. 이때는 엄마의 따뜻한 위로가 필요하다. "더 단단해지라고 세상이 너를 흔드는 거야."라고 한다거나 "아직 너의 때가 아니어서 그런 거야. 다시 시작하거라."라고 말해 주어야 한다. 세상 어느 곳이든 시험을 치르지 않고 갈 수 있는 곳은 어디에도 없다. 시험도 없이 들어간 곳이 오죽이나 하겠는가. 떳떳하게 겨뤄서 당당하게 들어가야 한다.

공부하지 않는 게으름이
공부하는 부지런함을 이긴다면
그게 길수록 위험하다.

언젠가 꽃은 핀다

봄에 꽃이 피지 않는다고 해서 꺾지 말라. 여름에 피는 꽃도 있지 않은가. 여름에 꽃이 피지 않는다. 해서 꺾지 말라. 가을에 피는 꽃도 있으니, 가을에 꽃이 피지 않는다. 해서 꺾지 말라. 겨울에 피는 동백꽃도 있으리. 사람이 어찌 꽃에 비견되랴마는 사람이 필 때는 때와 기한이 있는 것이다. 심지 않고 거두는 법은 천고 이래로 있어 온 바는 없다. 먼저 땅을 갈고 씨앗을 뿌렸다고 해서 할 일을 다 한 것은 아니다. 그런 연후에 물을 주어야 하고 갈고닦고 돌보고 했을 때 그나마 겨우 거둘 수 있을까 말까일 것이다. 그만큼 사람을 길러낸다는 것은 힘든 일이다. 그 중심에 기다림이 있는 것이다.

어느 집 자녀든 모두는 이미 태어나기 훨씬 이전에 벌써 하늘로부터 왕후장상으로 점지된 바 있다. 그렇게 태어난 자녀들이 왕후장상은 고사하고 어른이 되어 제 앞가림도 제대로 못 하는 까닭은 어디에 있는 걸까. 이는 엄마의 조급함 때문이다. 어떤 자녀든 10년 공부면 될 것을 어떤 자녀는 30년을 공부하기도 하고, 40년을 공부하기도 한다. 바로 이점이다. 내 자녀가 그 어떤 집안의 자녀처럼 10년 공부면 될 거라고 믿어서이다. 아니다. 큰 그릇은 늦게 채워지는 법이다. 그보다 훨씬 늦을 수도 있는 것이다. 기다려야 한다. 하늘이 뜻을 이루어줄 때까지 무엇으로 기다리는가, 공부하면서 기다리는 거다.

공부는 어렵다고 피하는 것이 아니고 쉽다고 무조건 하는 것도 아니다. 어려우면 어려운 대로 해서 극복해야 하는 것이고 쉬우면 쉬운 대로 해서 기본을 더욱더 공고히 하는 것이다. 지름길이나 편법은 없다. 그렇다고 공부를 쉽고 편한 길로만 찾아가서도 곤란하다. 공부는 그냥 미련스럽다 할 정도로 꾸준히 해야 하는 것이다. 다만 여기 멈춤이나 좌고우면 같은 일만 없다면 그게 어떠한 공부든 뜻한 바를 이룰 수는 있다. 많은 사람이 공부로서 뜻을 이루지 못하는 경우는 중간에 멈춤이 있어서다. 쉬지 않고 그렇다고 멈춤 없이 가열 차게 밀고 간다면 시간이 늦고 빠름은 있을망정 못 이룰 것은 없는 것이다.

의미 있는 일은 늘 쉽지 않다.
오늘 준비하지 못하면
내일 기회가 와도 잡을 수가 없다.

자녀를 조괄처럼 키울 것인가

 조나라의 맹장 조사가 있다. 나라에서 상을 주면, 병사들과 함께 나누었으며 나라에서 고기를 주면, 이 또한 병사들과 함께 나누었다. 병사가 추우면 장군도 추웠으며 병사가 배고프면 장군도 함께 배가 고팠다. 그의 아들 조괄은 이것이 늘 불만이었다. 장군과 병사가 어찌 같단 말인가. 나라에서 장군에게 하사한 승전 물품을 일개 병사들과 함께 나누는 것은 왕에 대한 불충이다. 라며 아버지 조사 장군이 병사들과 함께 나누고 함께 생활하는 것을 불만으로 여겼다. 그럼에도 그는 아버지가 써놓은 전쟁 기록을 자주 읽어온 탓에 병법에 상당한 식견을 가지고 있었다.

 이를 모르지 않는 그의 모친이 어느 날쯤엔가 남편 조사장군께 말한다. 아들 조괄이 병법에 대해 매우 지식이 많습니다. 머지않아 천군만마를 지휘할 대장군이 되어도 충분할 겁니다. 하니 남편 조사장군이 말한다. 전쟁은 장군 한 사람이 순간의 판단과 행동으로 인해 수많은 병사들의 목숨이 사느냐 죽느냐가 결정된다. 아들 조괄은 책상에 앉아서 배운 병법으로는 그걸 감당한 인물이 못됩니다. 더군다나 아들 조괄은 춥고 배고픈 시절을 단 한 번도 겪어본 적이 없거늘, 그러니 앞으로는 아들을 장군이 될 재목이라느니 하는 말은 절대로 해서는 안 됩니다. 내가 죽은 다음에라도 나라의 왕께서 아들 조괄을 장군으로 삼는다면 부인께서는 반드시 말리시고 그도 안되면 왕께 약조를 받아두셔야 합니다. 아들이 전쟁에서 패해 나라에 변고가 생겨도

우리 집안에 그 책임을 묻지 않는 걸로 말이오.

 훗날 조사가 죽자, 진나라는 맹장 조사가 죽은 것이 기회라 여겨 조나라를 쳐들어간다. 이때 대장군이 조사의 아들 조괄이다. 조괄은 진나라 군대에 패해 병사 40만 명이 생매장됐다. 이일이 있고 난 뒤 조나라는 서서히 망해갔으나 그 책임을 조사의 아들 조괄의 집안에 돌리지는 못했다. 왜냐하면 아들 조괄을 대장군으로 임명할 때 그의 모친이 왕께 서면으로 약조를 받아둔 탓이다. 이 이야기 한 토막은 시사하는 바가 크다.

 부잣집 도련님이 아버지의 후광으로 인해서 낙하산으로 대장군에 임명된 것이다. 아들을 제대로 키우고자 한다면 병법만 공부시키는 것은 수가 얕은 것이다. 더욱이 조괄은 특정 스승이 없었다. 아버지 조사 장군을 스승 삼아서 공부한 것이다. 아버지가 틈틈이 적어놓은 전쟁 기록을 읽는 것으로 병법의 지식을 근거 삼은 것이다. 고래로 자녀 교육은 역자 교지라 하여 자식을 바꿔서 가르친다는 말이다. 자기 자식을 남에게 교육을 맡기고 남의 자식은 내가 가르친다는 말이다. 그래서 팔은 안으로 굽는다는 식의 자식의 단점이 엄마의 눈에는 안 보인다는 오해를 받지 않는 것이다. 이러한 공부는 우선은 유가의 기본 교과서라 할 수 있는 논어 맹자 중용 대학을 먼저 공부해야 한다. 이러한 책들은 나무만 보게 하는 책이 아니라 전체를 아우르는 산을 보고 숲을 보게 하는 안목을 길러 주는 책들이다. 흔히 말하는 수신제가 치국평천하라는 것이 여기에 해당하는 것이다.

 엄마들이 자녀들에게 너는 꿈이 뭐니, 라고 물어보는 것은 절대로 그렇게 해서는 안 된다. 왜냐하면 엄마는 그런 말을 하는 게 아니다. 그냥 위의 책들을 공부하다 보면 저절로 어린 자녀들이 공부하는 중에 스스로가 나는 뭘 해야 겠다는 생각이 드는 것이다. 왜냐하면 이러한 책들의 가르침이라는 것이 끊임없이 그걸 요구하기 때문이다. 요즘의 엄마들은 이러한 옛 경전을 케케묵은 소리라고 치부하는

게 문제지만 말이다. 그래서 자녀가 못 크는 것이기도 하지만

공부한다는 것은
합리적인 가치와
질서를 세우는 일이다.

천하를 꿈꾸며 자녀를 길러라

하늘이 엄마에게 자녀를 점지해 주는 것은 그 엄마가 그 자녀를 감당할 수 있다고 믿기에 그리하는 것이다. 이에 엄마는 그렇게 낳은 자녀를 하늘의 뜻과 성품대로 훌륭히 길러낼 의무와 권리 곧 책임이 있는 거다. 어느 집 자녀든 어려서는 모두가 똑같다. 날 때부터 천재는 더러는 있을 수도 있겠으나 모두는 아니라는 말이다. 모두는 무지요, 다듬지 않은 재목이요, 굳지 않은 흙이요, 하얀 도화지와 같은 상

태다.

 무지를 어떻게 지식으로 만드느냐에는 엄마의 노력이 있어야 할 것이고, 다듬지 않은 재목이라면 잔가지로 쪼개어 불쏘시개로 전락시키지 않을 엄마의 애씀이 있어야 할 것이고, 굳지 않은 흙이라면 빚어서 귀히 쓰이는 그릇으로 만들 의무가 엄마에게 있어야 할 것이고, 하얀 도화지라면 명화를 그려야 할 책임 또한 엄마에게 있어야 할 것이다.

 여기에는 시간이 요구된다. 자녀를 훌륭한 인물로 길러낸다는 것은 긴 시간 공을 들여야 한다는 말이기도 하다. 그러기 위해서는 엄마는 먼저 천하를 꿈꾸며 자녀 기름에 임해야 한다. 천하를 꿈꾼다는 것은 그냥 꿈만 꾼다고 천하가 자녀들의 품으로 오는 것은 아니다. 많은 노력과 애씀이 있어야 한다. 물론 여기에는 당사자인 자녀가 따라주어야 하겠지만 그럼에도 엄마의 노력과 애씀은 변함이 없어야 한다. 그러면 노력과 애씀은 무엇으로 증명되는가. 곧 공부다. 엄마는 자녀가 공부만 할 수 있도록 해야 한다.

 더러는 혹자들의 말이 젊어서 고생은 사서도 한다. 하여 이리저리로 돈을 벌겠다며 시급 얼마짜리로 아르바이트를 하기도 한다마는 그건 대단히 위태롭고 위험하기 짝이 없는 일이다. 돈 벌겠다고 나서는 순간 공부는 영영 멀어지기 때문이다. 어려서는 공부를 해야 한다. 젊어서도 공부를 해야 한다. 공부라는 것은 하루라도 더 어려서 해야 머릿속에 잘 들어오고, 공부라는 것은 하루라도 젊었을 때 해야 남들보다 더 빨리 더 많이 문장들을 외울 수 있고 그것에 대한 기억이 오래 남기 때문이다. 젊어서 고생은 사서라도 하라는 말은 나라를 다스리고 천하를 꿈꾸는 자들에게 해당하는 말이 아니다. 공부도 안 하고 그저 허구한 날 빈둥거리며 놀고 있으니, 궁여 책으로 나온 말이 그 말인 것이다. 공부하는 자는 일 할 시간도 틈도 없다. 공부하기도 벅차고 바쁘고 시간이 모자라서 난리인데 어찌 한가롭게 다른 것에 마음 둘 시간이 있겠는가.

자녀의 성장은
곧 엄마의 노력에 달려있다
천하를 꿈꾸며 자녀를 길러라.

제 4 장

모든 일에는 정해진 때가 있다

거칠고 사납다 거기엔 그만한 이유가 있을 것이다

공자님의 제자 중에 거친 사내가 있었다. 공자님과는 아홉 살 나이 차가 있었지만, 늘 공자님께 덤볐고 대들었고 틈만 나면 공자님을 때리려고 기회를 엿보던 그런 무지막지한 자였다. 공자님은 그런 자를 가르쳤다. 처음에는 도무지 사람 될 거 같지 않았던 그런 자였는데 하루가 지나고 이틀이 지나고 일 년이 지나고 삼 년이 지나니 사람이 변하기 시작했다. 그래서 삼 년이 지난 다음 날부터 공부를 시작했다고 한다. 그리고 50세 중반에 이르러 위나라에서 재상을 살았다. 그리고 몇 년간 재상 노릇을 하고는 62세쯤에는 제 성질에 못 이겨 죽었다.

 스승 공자님께서는 이미 오래전에 말씀하셨다. 너는 네 성질 때문에 제명에 못 죽겠구나. 그는 거친 성질을 가진 것은 분명했다. 저대로 놔뒀다가는 깡패가 되어 감옥에서 죽을 수도 있는 그런 인물이었다. 그러나 공자님은 그런 자를 데려다가 제자 삼고 가르치고 또 가르치고 또 가르치셨다. 그래서 가르침 덕에 일국에 재상의 지위까지는 올랐으나 어려서 잘못 형성된 거친 성질머리까지는 고치지 못하셨다. 그가 지금까지도 공자님의 제자로 논어책에 이름이 오르내리는 것은 거친 성질머리를 가졌으나 공부로 그것을 누르고 남에게 피해 주지 않고 벼슬로는 위나라 재상의 지위까지 살았으니, 맹자에 따르면 어려서는 잘 못 살았다 할 수 있으나 그렇다고 누구도 그의 인생을 잘 못 산 인생이라고 폄훼하기는 좀 억지가 있으리라.

자녀가 거칠다면, 엄마는 길게 시간을 갖고 경전 공부를 시켜야 한다. 엄마가 하고 싶은 말들을 이미 경전에서 다 기록해 놨기 때문에 경전 공부를 하면 이런저런 말을 할 필요가 없다. 경전 공부를 하면 사람의 육체는 선해지고, 정신 즉 의지는 굳건해진다.

우리 사회는 어느 때부터 무한 경쟁과 적자생존의 갈림길에서 생사를 걸고 하루하루 사는 꼴이 되었다. 이런 과정에서 돈이 최고라는 생각을 갖게 됐고 실제로 돈만 있으면 뭐든지 할 수 있다는 믿음을 체험하게 되었다. 하지만 돈을 벌면 벌수록 우리의 지갑은 점점 더 얇아지고, 삶은 고단하고, 팍팍하고, 허탈해지고, 그로 인해 주변 환경은 불안해졌다. 경쟁과 투쟁이라는 살벌한 전쟁터를 방불케 하는 무한 경쟁의 적자생존의 현실 사회에서 경전은 아궁이의 따뜻함을 찾아주는 온기와 같은 것이다.

경전은 옛글이다
그 옛글은 오늘에 배우는 것은
그 속에 미래가 있어서다.

자녀를 순자처럼 키울 것인가

공부는 어려서 하는 거다. 어려서의 공부가 치세의 군자를 낳고, 난세의 영웅을 낳는 것이다. 순자라는 인물은 상당히 문제적 인간이다. 순자와 같은 유형의 인간군상들은 여전히 유효하다. 순자는 다소 주관적이기는 하지만 충분히 저렴할 수 있는 인간이다. 그런 그가 성인의 반열인 차성 즉 맹자 다음으로 버금가는 성인이라고 칭함을 받는 것은 오로지 공부하나 때문이다. 만약에 순자가 공부하지 않앉다면 아마도 그는 평생을 동네 하나쯤 있을 법한 아무것도 할 줄은 모르면서 입만 살아서 나볼 데는 떠버리로 살았을 가능성이 농후하다. 이것은 요즘의 엄마들에게 많은 것을 알려주는 단서다. 요즘의 자녀들은 엄청난 지식을 갖고 산다. 핸드폰이 알려주는 정보만으로도 그 지식이란 상상을 초월한다. 너무 많이 알기 때문에 학교 선생님보다도 훨씬 몇 배나 더 똑똑하다. 이런 자녀를 가르친다는 것은 거의 불가능에 가깝다. 옛날의 공자 맹자 다음 시절에 살았던 순자의 어린 시절이 이랬다는 말이다. 이대로 놔두면 아무 짝에도 쓸모가 없어진다.

  순자의 엄마는 이런 아들을 이렇게 크는 것을 용납할 수가 없었다. 그래서 국경을 넘어 멀리 제나라에까지 보내서 아들을 공부시킨다. 그 공부의 결과가 훗날 철인 순자를 낳은 것이다. 논어 양화편에서 사람의 성품은 어려서는 서로 비슷하지만 자라면서 공부하는 양에 따라서 서로가 달라진다는 말이 있다. 어려서 공부를 많이 하면 어른이 되어 하늘을 우러러 부끄러움이 없게 되며, 땅을 굽어보아 거리낌이 없게 된다. 공부를 많이 하면 남에게 내 말을 믿어 달라고 하지 않았음에도 남들이 내 말을 믿어주며, 남에게 나를 따라오라고 말한 것도 아닌데 남들이 저절로 나를 따라오게 된다.

 그렇다면 공부의 시작은 어디며 공부의 끝은 어디인가. 순자는 권학편에서, 공부는 책을 외우는 데서 시작이다. 라고 했다. 그리고 공부는 죽어야 끝이 난다고 했다. 수신편에서는 이렇게 말한다. 길이 아무리 가까워도 걷지 않으면 이르지 못하며 일이 아무리 작아도 하지 않으면 이루지 못하며 어떤 일이든지 절박함이 없이는 남을 이길 수 없다고 했다. 순자가 아닌 이상 모두는 공부는 남을 이기려고 할 필요는 없다. 그저 나를 일으켜 세우려고 공부하면 되는 거다. 다만 여기에 절박함이 있어야 한다는 말이다. 순자는 공자의 덕치주의와 맹자의 왕도정치를 융합해서 법치주의를 만들어낸다. 그의 제자에게서 진나라 시황제를 통한 천하 통일을 이루어졌고, 이때부터 세상은 법가들의 천국이 된 것이다.

공부는 작게는 나를 지키고
좀 더 크게는 집을 지키고
더 크게는 나라를 지키는 일이다.

내 자녀의 허물을 발설하지 말라

엄마로서 하늘이 두 쪽이 나도 해서는 안 되는 일이 하나 있다. 내가 내 배 아파하면서 낳은 자녀의 허물에 대해서 그 누구에게도 말해서는 안 되는 것이 그것이다. 양반의 시대나 공자 왈 맹자 왈 하던 시대에는 산만하거나 어떤 행동에 대하여 절제가 힘들다거나 충동을 조절하기 어려워한다거나 무례가 넘쳐 방자하기 짝이 없다거나 하는 어린 자녀에 대해 최소한 평생을 읽어온 경전과 문적을 통해 볼 땐 드물었다가 아니라 없었다.

그러나 작금 사회에서는 뉘 집 가릴 거 없이 한두 개쯤의 허물을 가진 자녀가 더러 있다. 만약에 그렇다면 여기서 엄마는 어떻게 해야 하는가. 그것이 병원에서 치료가 필요한 거라면 병원에 가서 치료하면 될 일은 될 수 있어도 엄마가 나서서 내 자녀가 이런 아이이다.라고 만천하에 광고할 필요는 없다. 왜냐하면 어린 자녀는 성장해 가면서 성장통을 심하게 겪는 경우로 더러는 이렇게 하기도 하고 저렇게 하기도 하는 실수도 하는 경우가 있어서다. 여기에 대한 일차 책임은 엄마가 져야 하는 거다. 자녀를 그렇게 키워놓고 뭘 잘했다고 천하에 떠벌리고 다닌단 말인가. 라는 비난을 면키는 어렵다. 그렇다고 손 놓고 저렇게 행동하는 자녀를 지켜볼 수만은 없는 일이다. 그야말로 난감하기 이를 데 없는 그런 고약스러운 경우가 바로 이를 두고 하는 말이다.

사실 이런 것은 바뀌는 게 아니다. 왜냐하면 어려서부터 그렇게 자라왔기 때문이다. 천성은 그 누구를 무론하고 다 반듯하게 태어난다. 문제는 자라면서 습관에 의해서 조금씩 바뀌고 변화고 그것이 굳어지는 것이다. 이미 어려서 그렇게 굳어졌는데 이것이 바꾸면 바뀔 거라고 믿는 게 오히려 더 신기할 정도다. 이건 바뀌는 게 아니다. 변하지도 않고 더군다나 고쳐지는 것은 더욱 아니다. 다만 가르침을 받으면서 그 가르침을 통해서 그런 습성들을 절제하는 힘을 길러낼 뿐이다.

 산골 노인이 해 줬다는 이야기 한 토막이다. 옛날 현자들이 전하는 말에 따르면 자녀의 마음이란 굳지 않은 쇳물이라 했다. 쇳물은 너무 뜨거워서 만질 수도 없고, 쇳물이 튈까 봐 가까이 갈 수도 없다. 일찍이 신은 불덩이 같은 쇳물을 엄마의 뱃속에 열 달 동안 넣어서 다스린다고 한다. 엄마는 그렇게 받는 쇳물을 열 달 동안 온갖 고통을 참아내며 세상에 자녀로 내놓는다. 그렇게 태어난 자녀는 훌륭한 엄마의 가르침을 받아 성장하여 본래 가지고 있던 하늘이 준 성품인 쇳물을 잘 다듬어 큰 그릇을 빚어 세상에 내어놓기도 하고, 등불로 빚어 세상에 내어놓기도 한다.

 이처럼 모든 자녀는 하늘로부터 각자의 특성대로 좋은 성품을 받고 태어났음에도 엄마의 무지로 인해 하늘이 준 쇳물을 자기를 지키기 위해 방어하는 방패를 만들고 또 남을 찌르는 창을 만들기도 했다. 이렇게 자란 자녀의 내면은 세상에 그 어떤 방패도 다 뚫을 수 있는 창과 세상의 그 어떤 창도 막아낼 수 있는 방패를 가진 모순된 삶을 살아가게 된다. 이건 자녀의 잘못이 아니다. 엄마의 잘못인 것이다.

 먹물이 옷에 묻는 시간은 고작 몇 초에 불과하다 그러나 옷에 묻은 먹물을 빼려면 상상할 수 없는 시간이 걸린다 그렇다고 해서 처음처럼 되는 것도 아니다. 얼룩은 얼룩대로 남아있다.

엄마의 일은 자녀가
처음 받은 성품을 잃지 않게
어려서부터 반듯하고 곱게 키워야 한다.

자녀에게 잔소리하지 말라

 공자님의 모친은 자녀에게 말이 없었다 한다. 자녀에게 단 한 번도 공부하라고 말한 적이 없으신 분이 공자님의 모친이시다. 그렇다고 이런저런 유익한 말이라던가 조언을 했다는 기록도 훈육했다는 기록도 찾아볼 수 없다. 어쩌면 공자님 모친의 지식이 짧아서 몰라서 그랬을 수도 있다. 그 결과 공자님은 평생을 잔소리 한번 들어본 적 없이 일생을 사셨다.

잔소리가 약이 될 수도 있겠지만 듣는 사람에 따라서 호불호가 갈리기 때문에 잔소리는 삼가는 정도가 아니라 아예 안 하는 게 좋다. 잔소리는 자녀가 하지 말아야 할 것을 할 때라든가 아니면 해야 할 것을 하지 않을 때 엄마의 입에서 나오는 말 중에서 톤의 높이에 따라서 잔소리가 되기도 하고 훈육이 되기도 하지만 그건 엄마 생각이고 듣는 자녀에게서는 모두 잔소리일 뿐이다. 공부하고 난 자리에 정리가 안 되어있다면 "야. 너는 애가 왜 이 모양이냐. 이거 안 치워?"라고 하는 경우와 '"얘야, 엄마는 아들이 이거 좀 정리하는 습관을 지녔으면 좋을 텐데"라고 말하는 경우는 분명 다르다. 그러나 둘 다 잔소리가 맞다.

잔소리에는 두 개의 심리적 기저가 깔려있다. 부모로서 지금의 생활에 패배감이 느껴질 때 자기화에 못 이겨 자녀를 통해서 보상받으려는 심리가 있을 것이고, 지금 생활의 만족을 느껴 승리에 도취해 대단한 우월감에서 자기 존재 의식을 드러내는 말이 있을 것이다. 이런 말들 속에는 필요

이상으로 상처 되는 말이라던가 치는 말이라던가 깔아뭉개는 말이라던가 참견하는 말들이 많다. 물론 부모의 입장에서의 잔소리는 자녀를 위한 조언이라고 생각하겠지만 듣는 자녀의 입장에서는 피곤하고 듣기 싫을 뿐이다. 이는 모두가 얕은 존재 의식 내지는 천박한 우월의식에 발로일 뿐이다.

　부모가 자녀에게 잔소리하는 이유는 하나다. 자녀를 동등한 인격체가 아닌 자신의 소유물로 인식되어서다. 부모라는 알량한 이유 하나만으로 조언이랍시고 잔소리를 해 댄다면 듣는 자녀는 괴롭다. 나중에는 뉘 집 개가 짖냐. 이런 식이다. 부모와 자녀는 그렇게 대화하는 게 아니다. 잔소리라는 게 아무리 무디게 말해도 듣는 자녀에게서는 날 선 칼이 분명하다. 물론 잔소리 그 이면에는 자녀에 대한 절절한 사랑이 숨겨져 있지만 듣는 자녀는 거기까지 알 턱이 없다.

공자님 시대에 맹의자라는 인물이 있는데
그의 아버지가 하셨다는 잔소리 한 토막을 전한다
아이야, 공자님을 찾아서 글공부하거라

공부 안 되는 자녀 대책은 있는가

 공부의 나라에서 공부를 안 한다거나, 공부를 못 한다거나. 공부에 관심이 없다면. 이런 자녀가 초중고등학교를 다니는 동안 그 결과는 여전히 공부 못 한다는 상처가 낙인으로 남을 수 있다. 학교 공부를 못 한다고 해서 다른 공부도 못 한다는 말은 속단이다. 공부는 못 하지만 이것도 저것까지도 잘하는 사람들이 세상에는 너무도 많기 때문이다. 그럼에도 초중고등학교 때 학교 공부를 못 해서 늘 기죽어 사는 자녀는 의외로 많다.

　왜냐하면 학교라는 구조가 시험에서는 올백이냐, 석차에서는 1등이냐를 제외한 모두는 그다음 번 숫자로 여기에 속하기 때문이다. 쉽게 말해서 학교 교육은 취지는 좋은데 결과에서는 1등부터 꼴찌까지 줄을 세운다는 데 있는 것이다. 물론 학교 교육에서 시험이 없으면 점수가 없을 것이고 점수가 없으면 반에서 몇 등이니, 전교에서 몇 등이니, 나라에서 몇 등이니, 하는 사람을 등수로 격을 매기는 석차가 없을 것이다. 본래 학교라는 교육은 말 그대로 공교육이어야 한다. 공교육은 사람의 차등을 두지 않아야 한다. 모두를 수용하고 교육이 요구하는 저 수준에까지 이르게 해야 하는 것이다. 그런데 이것을 좀 더 쉽게 통제하기 위해서 시험이라는 고약스러운 제도를 고안해 냈고, 그것이 무슨 신의 한 수라도 되는 듯이 어린 초·중·고등학생을 옥죄는 수단으로 사용한다. 이건 참으로 불공평한 일이다.

어린이는 모두가 다르다. 각성바지에다가 생김새가 다르고 살아온 환경이 다르다. 또 태어난 나이는 같을 수 있어도 태어난 시간도 다르다. 이렇게 저마다의 성품을 하늘로부터 부여받아 엄마의 뱃속에서 열 달을 견디고 이 땅에 나왔는데 이를 깡그리 무시하고 모든 어린이를 같은 교실에 몰아넣고 한 명의 교사가 일괄적으로 가르친다면 이를 이해하고 알아듣고 따라가면 괜찮겠으나 만에 한 명이라도 이러한 학교 공부를 못 따라가는 어린이가 나온다면 이건 국가가 책임을 져야 하는 일이다. 그러나 국가는 여기에 대해서 책임지지 않는다. 공부 못 하면 그건 오롯이 그 어린이의 몫이고 더 나아가 엄마의 잘못에까지 이르는 것이다.

이쯤에서 본의 아니기에 선의의 피해자는 나오는 것이다. 혹여 이 어린이가 자라서 훗날 나라와 민족을 위해 얼마나 큰일을 할 수 있을지도 모를 그런 거인의 영혼을 가진 어린이를 초중고등학교 장장 12년 동안 공부 못 한다는 이유만으로 아침마다 학교 가는 길이 두려움과 공포로 떨게 한다면 이건 너무도 잔인하다. 이쯤 된다면 엄마는 자녀의 아빠와 진지하게 상의해 볼 필요는 있다. 강호에는 의외로 숨어 있는 고수들이 많다. 그런 고수를 찾아가서 속내를 얘기해 보는 것도 그리 손해될 일은 아닐 터이다.

학교든 학교 밖이든
공부해야 한다
이왕 할 공부 이를 악물고 덤벼라.

공부 안 한 스무 살은 돈에 영혼을 팔 나이다

스무 살은 전혀 다른 세상의 나이다. 한창 힘이 솟을 나이요, 힘이 솟다 못해 돌도 씹으면 소화될 나이요 삽 한 자루만 있으면 태산도 평지로 만들 수 있는 거칠 것 없는 나이다. 이처럼 순기능도 있지만 바꾸어 말하면 어느 정도 갖추어진 나이가 또 한 스무 살이다. 스무 살을 일러 약관의 나이라 한다. 약관이라는 말은 한자로 약할 약弱 자와 벼슬 관冠 자를 쓰는데 어린 나이에 벼슬에 올랐다는 말이다. 쉽게 말해서 조선 시대만 해도 아들이 17세가 되면 등과하기 시작하여 늦어도 20세 무렵이면 이미 벼슬에 나아간다. 그래서 아직 굳지 않은 나이에 벼슬했다고 하여 약관이라 한다.

 스무 살 이전 나이까지가 눈만 뜨면 공부하고 틈만 나면 공부할 나이였다면 스무 살의 나이는 그동안 했던 공부에 관한 결과와 마주하는 나이다. 그런 면에서 스무 살은 모든 것을 새로 시작하는 나이다. 스무 살이 되면 공부할 것인가 돈을 벌 것인가에 대하여 1차 결정해야 하는 나이다. 어려서부터 무진장 공부만 해 왔다면 이어서 공부해야 하는 게 이득일 것이고, 어려서 공부가 부족할 정도가 아니라 공부에 아예 관심이 없었다면 공부는 접고 스무 살 다음 날 아침부터는 돈만 벌 것인지를 결정해야 한다.

 어려서 공부 안 한 아들이 더러는 스무 살이 넘어서 늦게 머리가 깨여서 공부하는 경우도 드문 일이기는 하지만 왕

왕 있기는 하다. 여기서도 문제는 있다. 어려서 못했든 안 했든 암튼 어려서 해야 할 공부를 어려서 안 했으니 스무 살이 된 지금에라도 반드시 해 놓고 그다음을 공부해야 하는 문제점이 있다. 모든 공부에는 유기적으로 연결되어 있어서다. 더군다나 공부라는 것은 알다시피 앉아서 많은 시간을 견뎌내는 일이다. 곧 공부는 하루라는 시간을 견뎌내는 일이며 이는 세상을 향한 나를 훈련하는 일이다.

공부가 부족했다면 이는 나를 훈련하는 시간이 모자랐다는 말이다. 더 쉽게 말하면 하루라는 시간을 견뎌내는 훈련을 덜 했다는 말이다. 바로 이점이 공부 못 하면 모든 것도 못 한다는 말이 생겨난 이유인 것이다. 곧 하루를 못 견딘다는 말이다. 더 쉽게 말해서 누군가 밑에서 일할 때 그것을 견뎌내지 못한다는 말이다.

스무 살 눈물을 머금고 공부를 처음부터 다시 시작하든가 아니면 이를 악물고 오직 돈에 영혼을 팔 것인가. 이제 선택은 자녀 몫이다.

어려서는 공부가 제일이고
어른이 되어서는 돈이 제일이고
모든 날에는 잘 먹고 잘사는 게 제일이다.

엄마의 인생은 자녀에 의해서 결정된다

 취미활동도 좋고, 등산은 더 좋은 거고, 어릴 적 벗이나 동창 모임에 이런저런 추억을 나눈다면 이보다 더 좋을 순 없으리라. 이는 등 따습고, 밥 배불리 먹고, 죽을 때까지 돈 걱정 없이 살 수 있는 엄마들에게서나 가능한 일이다. 그러나 하루 세 끼니 밥만 먹을 수 있어도 감지덕지한 엄마에게서는 그래서는 곤란하다.

혹자는 말하리라. 그래도 엄마도 엄마 인생이 있는 거 아니냐고, 엄마가 무슨 노예냐고. 백번 천번 옳은 말이다. 그러나 분명한 것은 엄마의 인생은 곧 자녀에 의해서 결정된다. 자식이 잘 살아 줘야 엄마 노후가 편하다는 말이기도 하다.

더러는 이런 엄마도 있다. 공부를 그다지 뭐 크게 신경 쓰지 않는 엄마다. 그런 엄마들이 하는 말 중에 '다 제 복은 제가 타고나는 거야.' '사람은 누구나 다 제 밥그릇은 갖고 나오는 거거든.' 틀린 말은 아니지만 그렇다고 정답도 아니다. 흔한 말로 농부가 가을 겨울이 춥고 배고픈 것은 봄과 여름에 해야 할 일들을 하지 않은 탓이다. 봄여름을 하루가 멀다고 노느라 농사의 때를 놓쳐놓고 가을과 겨울을 당하여 밥 굶는다고 해서 이를 불쌍히 여겨달라고 징징댄다면 이를 반길 이웃이 몇이나 되겠는가. 물론 등에 뿔나고 이마에 소금 돋고 손바닥 지문이 닳아 없어지고 손톱이 빠질 정도로 열심히 살았는데도 하늘을 잘못 만난 탓에 농사가 망쳤다면야 함께 아파 해하고 긍휼을 베풂이 마땅하리라. 그게 아니고 농부가 농부의 본분을 잊고 농부의 일을 게을리 했는데 어디 가서 칭찬받을 일은 아닌 것이다.

 옛날에 어떤 엄마는 아들을 공부시킬 때 더울 때는 덥게 공부시켰고 추울 때는 춥게 공부시켰다. 밥도 많이 먹으면 공부할 때 졸린다. 하여 조금씩 먹게 했다는데 훗날 두 아들은 정승의 반열에 올랐다는데 그 엄마의 교육은 옳았다. 나중에 혹자가 물었다. 왜 아들을 그렇게 혹독하게 키웠냐고? 이에 엄마는 말하기를 그렇게 하지 않으면 아들이 나태해져 공부가 부족할 것이고 공부가 부족하면 과거시험에 합격이 불가할 것이고 과거시험에 합격하지 못하면 평생을 인생의 바닥에서 살아야 할 게 아닌가. 나는 내가 낳은 아들이 그렇게 사는 걸 지켜볼 수가 없어서 그렇다네. 라고 했다는 얘기 한 토막이 전한다. 자녀의 공부를 위해서 엄마가 얼마나 애를 써야 하는지를 알려주는 예다.

본래 공부라는 것은 어느 시대나 마찬가지겠지만 고작 10년이 고비다. 그깟 10년을 못 버텨서 남은 인생 평생을 그르친다면 이건 좀 억울한 거 아닌가. 생각해 봐라. 똑같이 태어날 때 빈손 들고 태어났고, 몸뚱어리에 실 한 오라기 안 걸치고 맨몸으로 이 땅에 태어났다. 자라면서 누구는 잘 살고 누구는 그럭저럭 살고 나는 이 모양 이 꼴로 산다면 이건 누굴 탓할 일이 못 된다. 어려서는 자녀가 공부 등한시해도 그냥 놔둔 엄마가 문제일 것이고, 자라면서는 철이 들었음에도 공부 안 한 본인이 문제일 것이다. 결국은 그 엄마에 그 자녀 모두가 문제다. 어쩌면 훌륭하게 자라서 크게 될 자녀를 망친 것일 수도 있다.

공부는 단 10년의 고비일 뿐,
이를 견디지 못한다면
죽는 날까지 고통이다.

통제받지 못한 권력은 반드시 부패한다

    한비자는 자신의 책 한비자 오두편에서 자녀 공부에 관하여 꽤 사나운 글을 써놨는데 연의하여 쉽게 풀어쓰면 이렇다. 요즘 자녀들은 공부 안 하기가 부모가 꾸짖어도 고치려 하지 않으며 마을 어른이 꾸짖어도 눈도 끔쩍하지 않으며 스승이 가르쳐도 변하지 않는다. 부모의 사랑과 마을 어른의 지도와 스승의 가르침, 이렇게 세 가지로 최고의 가르침을 더해도 끝내 공부하지 않으며 공부하지 않는 버릇을 털끝만큼도 고치려 하지 않는다. 그러나 고을 관원이 병사를 이끌고 법을 들이대며 공부하지 않는 자들이 훗날 간사한 무리가 될 거라며 야단을 치면서 색출하면 이내 두려워하여 얼른 태도를 바꾸며 행동 또한 고친다. 그러므로 공부하지 않는 자녀를 부모의 사랑으로 가르친다는 것은 어렵다. 그리하여 부모가 자식을 공부하라고 권하기가 어렵다면 반드시 고을 관원의 엄한 형벌로 다스려야 하나니 고래로 어리석음이란 호의를 베풀면 제 분수도 잊고 오만방자하여 교만하기까지 하며 그러나 엄한 관리의 말에는 복종한다. 공부라는 것은 누구를 위해서 하는 게 아니다. 어려서부터 공부를 많이 해두면 나이가 들어갈수록 사람살이가 조금은 쉽고 혹자보다는 훨씬 나은 삶을 살 수 있어서다. 이는 겪은 자만이 알 수 있는 일이다.

 공부하는 이유는 단 하나다. 원하는 삶을 살 수 있어서다. 공부만 하면 남은 인생은 그냥 살아만 있으면 저절로 살아지기 때문이다. 그러나 공부를 안 하면 원하는 삶을 살기란 이미 곤란할 수도 있다. 반면에 세상에서 가장 무서운 공포를 느껴야 한다. 살아가야 하는 공포가 그것이다. 어려서는 이러한 사실들을 결코 모른다는 것이다. 세상이 엄마 품처럼 따뜻한 줄로만 안다. 엄마가 자녀를 공부시키기에도 힘든데, 간혹 더러는 엄마가 텔레비전을 보게 하고, 게임을 하게 놔두는 경우도 보긴 한다. 이 정도라면 아찔하니 앞이 캄캄해진다. 엄마는 의외로 자녀의 엄청난 잠재력을 믿지 못하는 아예 안 믿는 엄마들이 많다. 그도 그럴 것이, 자신이 그렇게 남 밑에서 굽실거리면 평생을 살아왔기 때문에 자신의 자녀도 그렇게 사는 게 바르게 사는 건 줄 알기 때문이다. 이래서 자녀가 잘 크고 못 크고는 엄마에게 달려 있다. 엄마 그릇의 크기가 곧 자녀 그릇의 크기가 된다.

어떤 나무든 뿌리만 잘 뻗게 해주면 그다음부터는 굳이 덜 돌봐도 알아서 저절로 잘 자랄 뿐 아니라, 때가 되면 열매도 맺어 준다. 많은 엄마는 이 점에서 놓치기도 한다. 이때 놓치면 돌아올 수가 없다. 어린 자녀는 스무 살 되기 전까지는 통제받지 못한 권력은 반드시 부패한다는 것을 엄마는 알아야 한다. 자녀 또한 이러한 사실을 빨리 인지할수록 이득이다.

어려서 옛 현자의 글을 읽는 것은
나를 단속하고
오만방자함을 막기 위함이다.

모두는 답을 갖고 있다

하루는 제나라 군주 환공이 들로 사냥하러 갔다가 으리으리하게 잘 지어진 집인데 관리가 안 되어 여러 군데 허물어진 것을 보고 아까워하며 신하들에게 이렇게 훌륭한 집이 어쩌다가 이리도 흉하게 망가졌는가? 라고 물으니, 신하들은 아는 게 없어 아무 말도 못 하고 있었다. 하는 수없이 그 마을에 사는 촌로에게 물어보니 곽 씨가 살던 집이라고 알려준다. 그런데 어쩌다가 이렇게 집이 다 망가졌냐고 물으니, 촌로는 이렇게 대답한다. 곽 씨는 착한 일을 하는 것을 무척 좋아했고 나쁜 일을 하는 것을 무척이나 싫어했습니다. 그래서 집안이 망했습니다. 환공이 이상해서 다시 물었다. 착한 일을 좋아하고 나쁜 일을 싫어하는 데 왜 멀쩡한 집안이 망한단 말이오. 그러자 노인은 착한 일을 말로만 좋아했고 몸으로는 단 한 번도 착한 일을 하지 않았으며 나쁜 일을 말로만 싫어할 뿐 몸으로는 숨만 쉬면 나쁜 일을 많이 했습니다. 그래서 집이 저렇게 망했답니다.

제나라 군주 환공은 촌로와 이야기를 하는 것을 끝으로 모두 마치고 궁궐로 돌아왔다. 그러고는 재상 관중과 차를 마시면서 이렇게 말했다. 내가 좀 전에 들로 사냥하러 갔다가 궁궐보다 큰집을 봤는데 그 집이 다 허물어져 있더군요. 재상 관중께서도 그 연유를 아시는지요. 그러자 관중이 말한다. 알지요 그 집 주인이 곽 씨인데 왜 망했는가를 충분히 압니다. 임금께서도 말만 하고 실천하지 않으신다면 반드시 곽 씨처럼 망할 겁니다.

모두는 답을 알고 있다. 또 방법도 안다. 공부를 잘하려면 어찌해야 하는가. 열심히 하면 된다. 이 말은 천하 누구도 다 안다. 부자 되려면 어찌해야 하는가. 버는 돈 안 쓰면 된다. 누가 이걸 모르겠는가. 그럼에도 혹자는 공부를 안 하고, 누군가는 돈을 안 모으고, 또 어떤 이는 알지만 이도 저도 관심만 있을 뿐, 말만 풍성할 뿐이다. 이제는 엄마가 고개를 들어야 한다. 그리고 자녀를 위해 멀리 내다보며 긴 호흡을 해야 한다. 이제 시작이다.

아는 것과 실천하는 것은 다르다
하기 싫음과 싸워 이기는 것이다
공부는 행동이다.

모든 일에는 정해진 때가 있다

독종이라는 말이 있다. 제명을 다 살고 죽은 독수리를 일러 독종이라고 하는데 독수리는 90년을 산다. 하여 사람과 비슷한 수명을 갖고 있다고 전한다. 90년을 사는 이면에는 9년의 뼈를 깎는 각고의 세월이 있어서다. 독수리는 30년마다 몸 갈이를 한다는데 30년이 지나면 몸에 힘이 빠져 부리와 발톱이 자라나는 것을 막지 못하고 털이 무거워 몸을 가누지 못할 지경에 이르며 이를 그냥 놔둔다면 뾰족한 부리는 점점 자라서 목을 뚫을 것이고 발톱을 관리 안 해주면 살을 파고들어 다리부터 썩어들어가며 묵은 깃털을 부리로 뽑아주어야 하는데 제때 못 뽑아주면 깃털이 무거워 하늘을 날 수도 없다는데 이것이 30년마다 반복되며 이때부터 독수리는 살아남기 위해 높은 공중에서 내려오면서 묵은 깃털을 뽑고 부리와 발톱은 절벽이나 바위에 부딪혀 깨트리며 털은 빠지고 부리와 발톱이 깨진 독수리는 맹금의 왕으로서의 기능을 할 수 없게 된다. 이때 주위의 위험으로부터 목숨 걸고 도망을 다니며 부리와 발톱이 다시 자라고 날개가 새로 돋을 때까지 장장 3년이라는 고통의 세월을 견뎌낸 후에라야 예전처럼 맹금의 왕으로 되돌아올 수 있다고 한다.

모든 일에는 정해진 때가 있다. 하루에 새벽은 두 번 오기 어렵다. 한 번 밝은 하루는 기어이 저녁을 맞이하게 되고 두 번 다시 새벽을 돌려주지 않는다. 학창 시절도 마찬가지다. 한 번 흘러가 버린 학창 시절은 아무리 후회하고 애를 써도 두 번 다시 돌아오지 않는다. 유명 가수들의 콘서트장을 쫓아다니며 마음껏 소리를 지르는 것도 학창 시절이 아니고서는 할 수 없는 일이고, 친구들과 밤을 새워가며 사랑과 꿈과 미래를 이야기하는 것도 학창 시절이 아니고서는 생각할 수 없는 일이다. 나이가 들고 보니 기운이 달려 이제는 더 할 수 없는 일이 되었다. 그리고 가장 중요한 한 가지 공부 또한 학창 시절에만 가능한 일이다. 기회가 있을 때 최선을 다하여 정성껏 공부해야 한다.

 어설픈 반항심과 좌절감으로 이 귀중한 학창 시절을 탕진하고 나면 훗날 아무리 후회한다고 한들 그 시절은 되돌아오지 않는다. 사람 중에는 뒤늦게 후회하여 사회생활을 하면서 다시 학업에 몰두하는 이도 적지 않다. 그러나 이는 한 번의 실패와 후회를 겪은 뒤이다. 모든 것이 늦다. 그리고 두 곱절은 힘겹다. 남들이 모두 사회에서 자립하여 떳떳한 사회인으로 성공하여 갈 때 그제야 비로소 학업의 세계를 찾아든다면 얼마나 많은 갈등과 후회가 따를 것인가.

때가 되었을 때, 모든 여건이 주어졌을 때, 엄마는 자녀에게 온갖 정성을 다해야 한다. 인생 100년으로 볼 때 어린 시절 기껏해야 십 년 남짓이다. 세상에는 높음과 낮음이 있고 존귀함과 비천함이 있다. 태어날 때는 모두 빈손 들고, 알몸으로 태어났으나 언제부턴가 신분의 차이가 드러나기 시작한다. 그것은 바로 공부했느냐, 공부하지 않았느냐에 따라서 결정되는 것이다. 파리는 가지 말라고 말려도 더러운 곳만 찾아가고 꿀벌은 오지 말라고 막아도 꽃향기만 찾아간다. 할 수 있다는 건 얼마나 큰 축복이며 있을 때 잘하라는 우스갯소리는 또 얼마나 멋진 말인가.

어릴 때 공부가 충분하면
어른 때에 춥고 배고프지 않으며
늙은 때에 이르러 삶을 관조할 수 있다.

나가는 말

어려서 똑똑한 아이들은 가르치기가 참 힘들다. 왜냐하면 자기가 다 안다고 생각해서이다. 사춘기에 접어든 아이를 가르친다는 것은 더 힘든 일이다. 왜냐하면 저들은 그냥 싫기 때문이다. 그냥 공부라는 말만 들어도 싫다는데야. 그렇다고 어떤 이유가 있는 것도 아니다. 스무 살 된 아이를 가르친다는 것도 쉬운 일이 아니다. 왜냐하면 자기가 다 안다고 생각해서이다. 그렇다고 어른을 가르치는 게 쉽겠는가.

아니다. 어른은 이미 다 알기 때문에 가르치기가 더 어려운 것이다. 그래서 아이든 어른이든 누군가를 교육의 대상으로 삼는 일은 함부로 해서는 안 되는 일이다. 바로 이점이 경전을 공부해야 하는 이유이다. 논어의 가르침이 엄정한 것은 나를 꾸짖기 때문이다.

10대를 죽기 살기로 공부해서 이십 대에 이르러 재상의 지위에 오르고, 40~50세가 되어 천하에 알려져야 한다고 했다. 만약에 40~50세에 천하에 알려지지 않았다면 그 정도의 인간이라면 더 이상 두려워할 것 없다. 라고 말했다. 남자 나이 사십 살이 되었는데도 여전히 미운 짓거리를 고치지 못했다면 그런 인생은 끝난 인생이라고 했다. 이처럼 경전의 말씀은 읽는 이로 하여금 엄청난 충격을 갖게 한다. 나를 꾸짖고 나를 책하고 나를 몰아세운다.

사람이 사람을 혼내거나 야단치거나 공부하라고 권하는 것은 위험하다. 그래서 사람이 사람을 혼내지 못하기 때문에 경전이 나를 혼내도록 논어 맹자를 공부하는 것이고 사람이 사람을 공부하라고 권하지 못하기 때문에 논어 맹자를 읽음으로써 경전의 가르침대로 공부하는 것이다. 물론 평생을 논어 맹자 공부 안 해도 사는 데는 전혀 지장이 없다. 그러나 경전을 공부 안 하면 안 한 만큼 살게 되는 것 또한 어쩔 수 없는 일이다.

 경전 공부라는 것은 어려서 할수록 유리한 거다. 그러면 이런 공부는 어디서 하는가. 강호에 숨은 고수를 찾아가는 수고를 아끼지 말아야 한다. 제도권에는 이런 고수들이 없다. 실력으로 말한다면야 국가가 공인한 실력임에는 분명하나 스승과 제자는 이해관계로 얽히는 것은 위태롭다. 강호의 고수들에게는 이런 이해관계가 없다. 그래서 그 가르침이 날이 서기도 하고 때로는 물에 물 탄 듯 무디기도 한 것이다. 그 속에서 벼리가 서고 잃었던 길을 올바로 찾을 수 있게 되는 것이다. 잊지 마라. 누구를 혼낸다는 것은 누구도 해서는 안 된다. 오로지 경전의 말씀, 논어나 맹자를 통해서만이 가능한 일이다.

 공부 안 한 과거와 그 결과로 힘들게 사는 현재가 충돌하는 지점에 이른다면 공부할 줄 모르는 게으른 가치관에 얽매인 어리석은 자녀와 공부 안 했을 때 어떤 결과를 맞이하는지에 대한 정확한 현실의 본질을 꿰뚫어 보는 엄마의 경험적 차이가 충돌할 때 승리하는 것은 공부하지 않는 어리석은 자녀다. 겪은 엄마와 겪어 본 적이 없는 자녀와의 확연히 보여주는 차이는 어른으로 성장해 버린 아들의 삶을 꿰뚫는 폭풍 같은 피바람으로 닥친다. 그때 가서 후회한들 이제는 아무 소용이 없다. 어려서 공부 안 한 게으름은 어른이 되어 모든 것을 파국으로 이끌어가는 쓰나미로 닥치게 된다. 어려서의 공부에 대한 노력과 애씀만이 어른이 되어 화목과 웃음을 줄 수 있는 극적인 전환점으로 수렴된다.

 늦었다고 생각할 때가 가장 빠른 시작의 순간이라는 말이 있듯이 지금이라 해도 달라질 수 있다. 엄마가 애쓰는 만큼 자녀는 크게 될 수 있어서다. 많은 엄마들에게 현자들은 말한다. 엄마는 엄마의 인생을 살아야 한다고, 말은 맞는 말이지만 정답은 아니라는데 엄마들의 고민은 깊어지는 것이다.

- 2025년 9월 우농 쓰다.

엄마들의 교과서
천하를 꿈꾸며 자녀를 길러라

초판 발행 | 2025년 09월 29일

지은이 | 우농
편집 | 이창민
디자인 | 박지숙
발행인 | 고은영
발행처 | 초련
이메일 | cho-ryeon@naver.com

ⓒ초련, 엄마들의 교과서, 2025
ISBN 979-11-985126-0-4 (13590)
값 15,000원

※ 이 책은 저작권법에 따라 보호를 받는 저작물이므로 무단 전제와 무단 복제를 금지합니다.
※ 이 책의 저적권은 저자와 초련 출판사에 있습니다.
※ 이 책의 전부 또는 일부를 이용하려면 반드시 출판사의 동의를 받아야 합니다.
※ 잘못된 책은 구입하신 서점에서 교환해 드립니다.